なぜかうまくいっている女《ひと》の心のもち方

有川真由美

PHP文庫

○本表紙図柄＝ロゼッタ・ストーン（大英博物館蔵）
○本表紙デザイン＋紋章＝上田晃郷

うまくいくかどうかは、どんな状況にあるか、の問題じゃない。
自分の心のもち方次第なんだと、いまだからわかるのだ。

いま、うまくいってる?

仕事は楽しい？
充実してる？
いい人間関係、つくれてる？

BAR

そんなに、うまくいかないこともあるよね。
なんかモヤモヤすること。
やる気が空回りすること。
気持ちがすれちがうこと。
崖っぷちに立たされること。
そこからドンと突き落とされることも。

でもね。

うまくいく方法もあるんだよ。

それは、ちょっとしたコツ。

最初は泳げなくて、
「あー、私は泳げない人なんだ」とか
「もうあきらめようか」とか思っても、
「いつか泳げるようになるだろう」と希望をもって
手足をバタバタ動かしたり、
泳げる人を真似したりしているうちに、
5メートル、10メートルと、不格好でも泳げるようになって、
繰り返しているうちに、スイスイ泳げるようになって、
そして一度、泳ぎ方を覚えたら、
そのコツはなかなか忘れない。

……でしょ？

自転車に乗れたときも、
逆上がりができたときも、
そうだったじゃない？

働き方や、生き方もおんなじ。

最初はうまくいかなくても、
だんだんコツを覚えていく。

なんにも学んでないようでも、
私たちは、心の奥の部分で、
自然にいろんなことを学んでいる。

ヒントは、身の周りにあふれている。

うまくいっている人を
真似して試したらいい。

本を読んで自分なりの方法を
見つけたらいい。

いま、うまくいっていないことも、
うまくいくための学習。

そして、うまくいくことを体で覚えたら、
それは絶対に忘れない。
人は、だてに生きているわけじゃない。

だいじょうぶ。

この次は、うまくいく。

そのあとは、ずっとうまくいく。

人生って、結構うまくいく。

プロローグ

この本を最初に書いてから3年が経ち、私はいま、台湾南部のある街で、この原稿を書いている。数か月に一度、日本に帰り、数か月に一度、海外を旅する生活を送るようになり、訪ねた国は40か国になった。

ありがたいことに、この数年で18冊の本を書かせてもらい、何冊かは韓国や台湾でも出版された。台湾では修士論文に取り組み、「日本企業文化論」なんて科目を大学で教えている。

30歳を過ぎても、自分の道が定まらず、なにをやってもうまくいかず、フリーターのような生活をしていた私が……と過去の自分を振り返ると、こんな展開が待っていたなんて不思議でならない。

いや、本当は心から望んでいたことだけれど、「そんなのムリ」と思っていた。留学したり、仕事をしながら世界を旅したり、外国の人と友だちになったりするなんて、「私なんかにできるはずがない」と、遠い夢のなかの出来事だった。

それは、とんでもなく勇気と努力の要《い》ることで、環境が整い、優れた能力をもった、ごくわずかな幸運な人だけができることなんだろうと、勝手に思い込んでいた。

でも、そんな夢のようなことは、ひとつひとつ、現実になってきた。

この本に書いた「なぜかうまくいっている人」たちから、〝心のもち方〟を学んだからだ。「どうして、あの人はうまくいっているんだろう？」「あの人なら、どうする？」「私なりの方法は？」……そんなふうに考えて、あれこれと試しながら動いていくうちに、夢や目標は、少しずつ近づいてきた。うまくいかなかった私が、だんだんうまくいくようになってきた。

人との出逢いで、人生の物語が創られていく。

どんな物語になるかわからないから、人生はおもしろい。

あなたが主人公の物語は、人と出逢った拍子に、思わぬ方向に転がり、あなたが望めば、大きなエネルギーが後押しをしてくれるはずだ。

うまくいくかどうかは、どんな状況にあるか、の問題じゃない。

自分の心のもち方次第なんだと、いまだからわかるのだ。

スーパーのレジ、宛名書き、喫茶店ウェイトレス、ショップ店員（婦人服販売）、イベントコンパニオン、テレビ番組のサクラ、イベント模擬店の売り子、商店街のモニター、受付、自動車学校事務、通信講座の採点、ビリヤード場スタッフ、炉端焼き店員、ホステス、化粧品会社事務、塾講師、予備校職員、子ども英会話講師、家庭教師、バーテンダー、科学館コンパニオン、衣料品店店長、古物商窓口、着物着付け講師、パーティコンパニオン、ブライダルコーディネーター、フリーカメラマン、マーケティング会社営業、新聞社フリー情報誌編集者、フリーライター、演歌歌手マネージャー、NGO事務局事務、運送会社仕分け作業、サンプル品配布、マネキン（試食・試飲）、運送会社の電話受付、家電修理電話受付、競馬予想情報の電話案内、テレフォンアポイント（通信サービスへの入会案内）、ホールスタッフ（和食レストラン、洋風居酒屋など）、軽作業（化粧品の箱詰め、パン工場のライン作業など）、パソコンのデータ入力、コピーライター、ジャーナリスト秘書、写真コンテスト実行スタッフ、年賀状制作作業、雑誌編集、作家、講師（講演・大学など）、台湾政府観光局顧問。

これは、私がやってきた仕事。

いままでちゃんと数えたことがなくて、
「30くらいかなあ」
と言っていたら、50もあった。

さて、世の中を見回してみると、
うまくいっている女《ひと》と、うまくいっていない女がいる。
そして、うまくいっている女には、
もともとなぜかうまくいく女と
最初はうまくいっていなかったけれど、
だんだんうまくいくようになった女がいる。
つまり、「先天的うまくいく女」と「後天的うまくいく女」。
私は、完全に後者のタイプだ。
もちろん、まだ十分うまくいっているとはいえないけれど。

私は高校のとき、弱小ソフトボール部に所属していた。
大会に出るときは、9人になるように、
メンバーを集めて、出場していた。
だから試合しか来ないコもいるのだが、
そんなコに限って、ここぞというときに
カッキーンと満塁ホームランを打ったりする。
いわゆる、〝センスがいい〟という人。
私はというと、最初は空振りばかりだったけれど、
練習が楽しくて、打席の数をこなしていくうちに、
ちょっとずつ、ボールが当たるようになり、
そして、ヒットを打てるようになったタイプだ。

だから、「ボールが当たらない」「なぜかうまくいかない」
という人の気持ちはよくわかる。
もし、私が「先天的うまくいく女」だったら、
なにがいいのか、なにができていないのか、

その本当の理由は、わからなかっただろう。
私が仕事で少しずつ、うまくいくようになったのは、
いろいろな職場で、「うまくいく女」から
その理由を教えてもらったからだ。
言葉ではなく、存在そのもので。
うまくいく女には、必ず理由《わけ》がある。

この本に書いてあることは、
私の人生体験からの学び。
人から学んだこともあるし、
自分自身で気づいたことや、
会得したこともある。

ページをめくりながら、自分のことと重ねあわせて、

「あ。これって私に言ってる？」
と、メッセージを受け取ってもらえたら、
とってもうれしい。

さあ。人生の旅はこれから。
胸を張って、
微笑みをたたえて、
じっくり旅を楽しんで。

なぜかうまくいっている女《ひと》の心のもち方

Contents

*I can

Attitude ★ 01

力まなくても結果を出せる

うまくいく女《ひと》は、力まなくても結果を出せる。

なぜなら、やりたいことをやっているからだ。

やりたくてたまらないことだから、夢中になるし、どれだけやっても疲れない。「がんばらなきゃ」なんて、力まなくても、自然に結果がついてくる。

結果を出すために、力む必要はない。

いや、むしろ、力まないほうがいい。

努力するより、とことん楽しむ。自然にわき出てくる力に身を任せたほうが、ものごとはうまくいく。

やりたいことをやっている人は、自《おの》ずと輝いてくる。

私がこれまでの仕事で、「結果があまり出せなかったなぁ」と思うのは、心から「やりたい」という気持ちではなく、打算で選んでしまった仕事だ。

たとえば、着物着付け講師は、「手っ取り早く資格を取って、日銭を稼ごう」と始めた仕事だった。一時的に生徒が集まっても、2か月、3か月……と、なかなか続かず辞めていった。

いまにして思えば、私は、着物に興味があるわけではなかったのだ。母の着物を「せっかくだから」とときどき着ていたが、着物が好きで呉服屋さんを回ったり、着物について楽しいおしゃべりをしたり……ということもなかった。

きっと、着物のすばらしさを、生徒に伝えられていなかったのだと思う。

マーケティング会社の営業部長は、高待遇に目がくらんで就いた仕事だ。

知人を通して、知り合った社長から、

「会社をつくりたい。いくら払ったら、手伝ってくれる？」

と聞かれて、私が答えたのは、相場よりちょっと高いぐらいの金額。だが、社長は、それよりもずっといい条件を出してきた。

システムエンジニアとして有能な人で、全国から仕事の依頼が多く、本当に儲かっていたからだ。


その恩恵を受けて、私も羽振りがよくなり、新車の外車に乗ったり、おしゃれなマンションに引越したり、仕事用のスーツを何セットも買ったりしていた。


営業の仕事は、そのうち好きになるんじゃないかと思っていたが、あまり向いていなかった。

営業先で邪険に扱われたり、テレアポで冷たくガッチャンと切られたりすることが、日に日にストレスになっていった。

そこで、半年ほどして、営業部員として少し年上の、シングルマザーの女性を採用した。

彼女の営業センスは、抜群だった。

それまでも化粧品の個人営業で月１００万円以上の売上があったというだけあって、営業のかけひきがうまい。

営業先で冷たい態度をとられることがあっても、

「冷たくされればされるほど、燃えてくるの。絶対に、その気持ちをひっくり返してやろうってね」

と、豪快に笑った。

「営業が好きでたまらない」という人だった。

彼女に新規開拓を任せ、私は企画や営業フォローに回ったが、会社への貢献度は、明らかに部下である彼女のほうが上だった。

私は自分の実力以上の報酬を得ていることがつらくなったこともあり、１年ほどで会社を辞めた。

彼女に教えてもらったのは、「仕事に惚れこんでいたら、どんな苦労や困難も乗り越えていける」ということ。

仕事には、うまくいかないことや、つらい思いをすることもある。でも、やりたいことをやっていたら、いつの間にか夢中になっているし、無理に力まなくても、結果はついてくる。

仕事は、好きなことをするか、やっていることを好きになるか、どちらかしかない。

だれだって、心からやりたいと思えることが、なにかひとつはあるはずなのだ。すべての人は、世の中のために、なにかの役割を与えられているのだと思う。

もし、いま、やりたいことが見つからない人は、毎日、自分に問いかけてみたらいい。

「なにをしているときが、いちばん楽しい？」

「子ども時代や学生時代、なりたかった職業は？」

「人からほめられるのは、どんなこと？」

こんな質問をヒントにして、「人生のなかで、世の中に対してなにをやっていくか」という自分のテーマを見つけていく。

いますぐには答えが出なくても、問いかけを繰り返すことで、ふと答えが見つかることがある。いまの仕事をコツコツやっているうちに、なにかが見えてくることもある。

大事なのは、「やりたいことをする」、それだけである。

幸運の鍵

心から「やりたいこと」をやる。

*Happy

Attitude ★ 02

簡単に不幸にならない

うまくいく女《ひと》は、簡単に不幸にならない。

「不幸な自分」「惨《みじ》めでかわいそうな自分」は絶対に嫌だと、認めない。「幸せな自分」でいたいと心底思っているから、必然的に幸せになる。


しかし私自身、これまでの人生を振り返ってみても、決して、いいことばかりじゃなかった。

でも、よかった。

「よくないこと」が転機になって、人生がいい方向に展開されていったのだから。

私は、看護師だった母が反面教師になって、

「専業主婦になって、夫と子どものために尽くしたい」

と考えていた。

母は、いつも夜勤などで疲れていて、父も毎晩帰りが遅く、小学生の私と弟は、二人で夕食を食べることが多かった。

近所のお母さんの多くは、おやつをつくって子どもたちの帰りを待っている専業主婦。それが、とってもうらやましかった。

「女が外で仕事を持ったら、家族が寂しい思いをする。それよりも、生活のことが最高によくできて、あったかい奥さん、お母さんになりたい」

と、大学も生活科学部を選んだ。

最初に結婚を考えた人は、ひとつ年下の大学生だった（といっても25歳）。

私は、就職して5年目。早く結婚したくて、いつも、

「結婚したら、～な暮らしをしたいな」

と夢のような話ばかりをしていた。

彼もそれに付き合ってくれ、私たちは、完全にうまくいっていると信じていた。

が、ある日、彼のアパートに行ったら、人の気配がない。

ガチャリと玄関を開けると、信じられない光景が広がっていた。そこは家具も電化製品も、そして彼も、すべてなくなって、がらんとした空き部屋になっていた。

なにがなんだかわからなかった。

もうすぐ結婚するはずだったのに。

あこがれの専業主婦になるはずだったのに。

彼の友だちに聞いたら、すでに大学を辞めていて、だれに聞いても行く先はわからなかった。

彼の家族も教えてはくれなかった。

数か月間は、なにもする気になれなかった。

彼のことを思い出すたびに、涙があふれてきた。

「どうして？？？」

思い当たるのは、彼が「医者になりたい」と言っていたことだ。大学を受け直したいという彼に、結婚願望をかなえたい私は、

「そんなに長い間、待てないよ」

と言ってしまったのだ。


自分のエゴを押しつけてばかりで、彼の気持ちを、まったく考えられていなかった。

私は彼のなにを見ていたんだろう。

なんてことを言ってしまったんだろう。

もっと話をすればよかった。

気持ちを聞けばよかった。

きっと彼は一人で悩んでいたはずだ。

「本当に申し訳なかった」という大きな後悔に、でも「捨てられてしまった」という失望や憎しみが混じって、気持ちにどうケリをつけていいのか、まったくわからなかった。

これから、どうやって生きていこう。

ぽっかりと心に穴が空いた状態で思ったのは、「このままじゃ、男なしでは生きられない女になってしまう」ということ。

そんなのはイヤだ。結婚してもしなくても、男にしがみつく生き方はしたくない……。

そこで、まずは男性と同じように、がむしゃらに働いてみようと考えた。自分の足でしっかり立って。

しかし、それまでやってきた施設コンパニオンの仕事は「結婚したら辞める」という気持ちで働いていたので、先の展望がまったく見えない。男女雇用機会均等法が施行されたとはいえ、地方で女性が男性と同じように活躍できる会社は、ほとんどない状態だった。

そんなとき、知人から「女性もがんばれば、男性と同じように、昇進できるし、いい給料がもらえる会社がある」と聞いて、面接に行ったのが、現在は世界的企業だが、当時、無名だったカジュアル衣料品店だ。

「店長になると、全国に転勤がありますが、それでもいいですか？」と聞かれ、私は迷わず、

「はい。どこへでも行きます！」と答えた。

そして、鹿児島や福岡の店舗を転々として、夢中になって働いた。

1年半ほど経ったある日のこと。新しく転勤になった店に、彼は、突然、やってきた。医学部に入り直して。

彼を見た瞬間、もう亡くなってしまった人が、生き返ってそこにいるような感覚だった。

「待っていてくれると思っていた」

彼はそう言ったけれど、もう戻ることはできなかった。

やっとの思いで忘れたのだ。

そして、私を救ってくれたのは、「仕事」だった。

私は、自分の足で立って、伸び伸びと両手を振って歩けるようになった。社会に貢献して報酬を得ることの尊さも、よくわかった。母がよく、

「私は家族も大事だけど、仕事も大好きなの」

と言っていた気持ちも、いまならわかる。


一見、よくない出来事も、「いま」を構成する、貴重な財産になっている。どれひとつ欠けても、いまの私はない。「おかげさまで」と感謝の気持ちである。


生きていれば、いろんなことがある。

失敗もある。仕方のないこともある。

だから、よくないことが起きたとしても、

「これは終わりじゃないよね。さあ、どうする？」

と、新たな逆転劇のシナリオを描いて進んでいく。

そして、「これでよかった」と確信できる状態を得たら大成功。それは成功体験の一部として、人生に刻まれる。

悩んだり、つらかったり、どん底だと思ったりする時期は、ずっとは続かない。「あんなこともあったよね」と笑える日が、必ずやってくる。

そのためには、そのあたりに転がっている感謝できること、楽しいこと、学べることを探すこと。なんでもいいから希望をもてる目標を見つけて、動くことである。

幸せになるのも、ひとつのスキルなのだ。

幸運の鍵

失敗したら、逆転劇のシナリオを描く。

*Sorry?

Attitude ★ 03

自分が悪くなくても謝れる

うまくいく女《ひと》は、自分が悪くなくても謝れる。

なぜなら、「いまを幸せに生きる」、それがいちばん大事なことと知っているからだ。

なんでもかんでも謝る必要はない。

だれだって、自分に非がなかったり、明らかに相手が悪かったりしたときは、謝りたくない。謝らなくてもことが済むのであれば、それでいい。

でも、多くの場合、謝らないと決着がつかないことが多い。

気まずい空気が続いたり、しこりが残ったり。

そんなときは、さっさと謝ってしまう。


たとえ自分が悪くなくても。

明るく、あっけらかんと「ごめんなさい」「すみません」って。

「負けるが勝ち」。お互いに意地を張っていても、いいことはない。


最後の最後で譲れる人かどうかで、その人の人生は決まる。

なぜなら、プライド（自尊心）やエゴ（利己的な気持ち）を手放したら、さらにいいものが入ってくるからだ。

プライドやエゴに固執してしまったら、せっかくうまくいく方法があったとしても、それに気づかなかったり、頑《かたく》なになって動けなかったりする。

いいことが起きるどころか、運にそっぽを向かれてしまう。


私も、謝ることが苦手だった。

職場の上司や同僚、家族、恋人に対して、「自分はまちがっていない」という気持ちがあるうちは、なかなか素直になれず、怒ったような態度をとったり、いじけた態度をとったり。

「相手が悪い」と演出することで、謝らせようと仕向けることもあった。

でも、そんな子どもじみたやり方は、大人の世界では通用しないのだ。いや、子どもだって、もっとマシな作戦をとるかもしれない。


謝れるようになったきっかけは、20代のころ、予備校の職員をしたときの経験だ。

会社には、その会社でしか通用しない、暗黙のルールがあるものだが、その予備校は、すさまじく多かった。

高齢の女性校長とその一族が、王族ファミリーのように振舞っていて、命令が下ると、それは絶対。だれもルールに背《そむ》くものはいなかった。

「靴箱のスリッパは、偉い人から順番に並べるべし」（名前が書いてないのでまちがうことが多い）

「台風の日は、校長の家を見回るべし」

「昼食は、売れ残った校内食堂の弁当を食べるべし」

などなど。


だが、私は、そのルールを犯してしまい、よく校長や上司から怒られた。

内心、「バカみたい」と思っていたのだ。

自分が悪いわけじゃない。そんなルールがおかしいのだ。

だから、だれから怒られても、「すみません」と謝らず、「じゃ、やります」などと、仕方なさそうにやった。


玄関の靴箱の上にあった鉢植えは、入社してすぐ上司から、

「この花は、校長のお嬢さん（30代）がいちばん好きな花なんだ。絶対に枯らすんじゃないぞ」

とお達しのあったものだった。

へ？　そんな理由で。どこにでもある花なのに。

でもまぁ、ここでは、とっても重要なことなんだろうと、毎日、水をやって大事に育てた。

が、大事にしすぎて、根ぐされしてしまい、だんだん元気がなくなり、再起不能の状態に。

「どうやら枯れちゃったみたいです……」

と、恐る恐る上司に報告すると、「なんてことだ！」と鉢植えを抱えてぐるぐる回り、「そうだ。これはなかったことにしよう」と、奥の倉庫に隠してしまった。

しかし、間の悪いことに、その日偶然やってきた校長のお嬢様に、

「あら？　鉢植えがないわ」

と、バレてしまったのだ。

さらに、タイミングの悪いことに、校内食堂のお弁当が売り切れてしまった日で、上司と昼食に、

「たまには、出前でも頼んじゃおう！」

と、食べた出前ラーメンのお碗も見つかってしまった。

「あなたたち、お弁当も食べないで、会社に貢献しようという気持ちがない

の？」

と怒られたが、それでも、私は謝ることをしなかった。謝ったら、自分の負け。自分の非を認めたことになるからだ。

そして、数万円の減給。

給与明細には、減給の理由に、ひと言「仕事に対する無気力」と書かれていた。納得がいかず、上司に「こんなのおかしい！」と泣いて訴えた。訴えたが、どうなるものでもない。


そして、気づいたのだ。

会社は、「国家」だ。

会社のルールは、国家でいえば法律ほどの重みがある。

その国家に「入れてほしい」とやってきたのは、だれでもない、自分自身なのだ。一人野党の状態で、「それはおかしい」と吠えていても、なにも変えることはできない。


そんなとき、同期入社の女性社員が、どんなことも、さっさと謝っているのに気づいた。

彼女は、謝ることにまったく固執していなくて、自分の仕事をこなしていくことを、いつも最優先していた。仕事が速くて丁寧なので、取り入っているわけではないのに、上司からも校長からも、かわいがられた。

「どうして、そんなに大人の対応ができるの？　納得がいかないことも謝れるの？」と聞くと、

「だって、無駄なエネルギーを使いたくないじゃないの」

と、ひと言。

なるほど。彼女のエネルギーは、うだうだと悩むことではなく、本来の仕事を稼働していくために、使われていたのだ。


それもそうだと、私もとりあえず、謝ってみた。

「すみません。以後、気をつけます」と。たてつくことを止め、淡々と仕事に取り組んだ。校長から命令される「クリーニングをとってきて」「買い物してきて」という公私混同の要求も、公務として処理した。校長の話をよく聞くよう努めてみた。

すると、校長がやさしくなってきたのだ。校長は、度々私を校長室に呼ぶようになり、いろいろなことを教えてくれた。一代で予備校を築き上げた女性経営者だ。学ぶことは多かった。

「アリカワ、女はね。この年になると、思い出で生きていけるの」（これには、ちょっと異論がある）

「アリカワ、一日に何十回も鏡を見なさい。そうしたら必ずきれいになるから」

「アリカワ、人間をつくるのに、いちばん大事なのは教育よ」

きっと、「謝れない自分」のままだったら、校長からなにひとつ、教えてもらうことはできなかっただろう。

自分の立場を守るために、「自分がまちがっていないときは、謝るべきではない」という考え方もある。

でも、ほとんどの場合、謝ったほうがうまくいく。

つまらないプライドよりも、その場を心地よく、仲良く過ごすことのほうが、ずっとずっと大事だからだ。謝ることは「負け」じゃない。それだけ、心の器が大きいということ。そんな自分でいることこそ、本物のプライドだと思うのだ。

虚勢を張って生きていくのは、疲れる。自分のほうからお腹を見せて、「もう降参！」と白旗を上げちゃえばいい。

きっと相手は、そんな勇気ある行動を歓迎してくれる。

幸運の鍵

プライドを捨てて、まずは謝ってみる。

*Success

Attitude ★ 04

失敗をクセにしない

うまくいく女《ひと》は、失敗をクセにしない。

失敗はクセになるし、成功もクセになるのだ。

だから、どんな小さなことでも、簡単に失敗しちゃいけない。


「できる！」と確信することだけをやる。

「負ける戦《いくさ》」には、最初から手を出さない。

「負けそうな戦」をしなきゃいけないときは、徹底的に勝つための方法を考えて、最善を尽くす。

たとえば、仕事。

会議でプレゼンテーションをすることになったとしよう。「成功する人」は、相手を納得させるためにはどうすればいいのかをとことん考え、丁寧に前準備をし、予想される質問まで想定する。そして、プレゼンテーションでうまく話せている自分のイメージができて、必ずうまくいくことを確信する。

一方、「失敗グセがある人」は、最後のツメが甘い。まだまだ余力があるのに「これぐらいでいいだろう」と自己完結する。過去の失敗を思い出して、「うまく話せないかも……」などとちらりと考えたりする。

「うまくいく自分」をしっかりイメージできているかどうか、最後の最後に成功への執念があるかどうかで、幸運は決まる。

20代のとき、私はうまくいかないことの繰り返しだった。

仕事では「あーあ、またダメだった」と、まさに「失敗スパイラル」に入り込んでいる状態。
失敗することに慣れ切っていた。

それが「大抵のことはうまくいく」と根拠のない自信がもてるようになったのは、それまでとは、まったくちがう行動パターンにして「うまくいった！」という成功体験を少しずつ増やしていったからだ。

それまでは、どんな仕事も2年と続かず、転職を繰り返すパターンだったが、とりあえず3年、衣料品店の店長として踏ん張ってみた。
肉体的にも精神的にもきつい仕事を続けたのだから、次は、どんな仕事でもやれるような気がした。

また、店長になった当初は、指示されることの半分も、就業時間内に終わらずに、深夜遅くまで残業。上司や部下とも衝突してばかりいた。
もちろん、会社に認められるはずはなく、配属されるのはいつも、売上の少ない小規模の店舗。売上ランキングは、いつも最下位に近く、完ぺきに「ダメな店長」だった。

そこで、仕事のやり方や、人との付き合い方のパターンを変えてみた。

まずは、いつもギリギリの始業前の駆け込み出勤を、2時間前に出勤して丁寧に前準備をする習慣をつけた。

強がらず、上司には、

「仕事が終わらないんです。どうしたらいいか教えてください」

自分より経験のある部下には、

「至らないところが多いので、どんどんアドバイスお願いします」と、自分から弱みを見せた。

男性店長と同じように、売上で一喜一憂して張り合っても、勝ち目はないと、徹底的に店舗の掃除や商品整理に力を入れた。

すると、周りの空気が少しずつ変わり始めた。人間関係でも、仕事でも「うまくいった！」という成功体験が増えるたびに、「成功スパイラル」ができてきた。

過去と同じようにやっていたら、同じような未来が待っている。でも、行動パターンを変えれば、未来は変わる。

「うまくいかないこと」よりも小さな「うまくいくこと」が、少しずつ積み重なっていくうちに「やればできるじゃないの、私」という根拠のない自信になってくるのだ。本当に。

いままでは、やり方さえまちがっていなければ、大抵のことは実現すると思える。

大事なことは、どんな小さなことでも、ただやればいいというのではなく、丁寧に取り組み、「成功体験」にすることである。

うまくいかないときは、行動パターンを変えてみる。

幸運な女は、失敗をクセにしちゃいけないのだ。

幸運の鍵

失敗が続いたら行動パターンを変えてみる。

*Praise

Jardin des Vestiges
swatch
SWATCH STORE
51, rue St Ferréol
voir au dos

Attitude ★ 05

なんでもほめる

うまくいく女《ひと》は、なんでもほめる。
つまらないことでもいい。
だれもほめないようなポイントでもいい。
本人も気づかないようなことでもいい。
とにかく、なんでもほめる。

ほめられた人は、
「え？　私って、そんないいところがあったんだ」

と、ちょっと驚き、感動する。自分のなかに価値を見出してくれた人は、特別な存在となる。

新卒で就職した化粧品会社の事務を半年で辞め、私が次に就いたのは、小・中学生を対象にした塾の講師だった。

その塾は、田んぼの中にポツンと立っていて、できたばかり。経営者がほかの事業をやっていたため、私はその塾を任されて、授業だけでなく、時間割をつくったり、父兄からの問い合わせに応えたり、8人乗りの車を運転して生徒を送り迎えしたりしていた。

そこに最初に集まってきたのは、いわゆる〝落ちこぼれ〟や〝不良〟と呼ばれる生徒たち。

「大手の塾は、成績別に分けて、劣等生扱いをするので面白くない。授業にもついていけない」という子が多かった。

彼らは、高校に行けるかどうかのレベルで、中学2年生の冬、中学1年生の数学で最初に習う「正負の数」という段階でつまずいていた。

「1－1＝0」は理解できるが、「0－1＝-1」がどうしても理解できないという。

「だって、先生。みかんを1個持っていて、人に1個あげるのは、わかるよ。でも、なんにも持っていないのに、どうして人にあげられるの？」

と真剣に聞くのだ。

うーん……。なんとも答えられず、

「これは数学だから、そうなるの。とにかく、マイナスになるって覚えて！」

と、ひどい教え方をしていた。

講師を始めたときは若くて、生徒たちが思うように理解してくれないことにイライラして怒ってばかりだった。

前回やったことができていないと言っては怒り、宿題をやってこないと怒り、テストの点数が悪いと怒った。

生徒をぐいぐい引っ張って、成績を上げることが、自分の仕事だと思っていた。

すると、明らかに生徒の顔に元気がなくなり、教室がどんより暗い雰囲気になってきた。学校の成績もさほど上がらない状態だった。

そこで、ほかの先生は、どんなふうにやっているんだろうと、その道10年以上のベテラン講師の授業をのぞいてみた。国会議員秘書の本業をやりながらも、「塾の仕事が好きでやめられなくてね」という先生だった。

その授業は少々適当だったが、本当に楽しかった。生徒が、元気よく手をあげて発言し、みんな大声で笑っていた。

発見だったのは、その先生が、生徒をよくほめていたことだ。「よく勉強した」とか、「いい成績だった」と言って、ほめるのではない。

「○○は、本当にいい声をしているよなぁ」
「△△って、やさしいよな。みんな、いやされるよ」
「□□は、記憶力がいいから、やる気になれば、きっとすごい点がとれるぞ」

などと、名前を呼んで、なんでもほめる。

天気のいい午後は、授業を途中で打ち切って、田んぼでかけっこをし、「よしッ、いい走りだ。行けー」とほめたり、みんなで騎馬戦をやって「おまえたち、すごいぞ」とチームワークをほめたりしていた。

ほめると子どもたちは、はにかみながらも、本当にうれしそうだった。表情は日に日に明るくなり、塾に楽しそうにやってくるようになった。

そして、不思議なことに、成績はぐんぐん伸びていった。

勉強に関係ないことをほめていても、なぜか自信がついて、積極的に取り組むようになったのだ。

私も最初は照れがあったが、少しずつ、子どもたちをほめてみた。男の子には、元気のいいあいさつをすることだったり、女の子は、かわいいマスコットを器用につくれることだったり……小さなことを。

大きな変化があったのは、子どもたちが、自分から積極的に話しかけてくるようになったことだ。

それまでは、話しかけても、オドオドと答えていた子たちも、「先生、彼氏がいるの？」と、キャーキャー言いながら質問してきたり、学校の宿題を「先生、助けてー」と持って来たり。最後は、恋の相談などもしてくるようになった。

そう。だれだって、ほめられたいのだ。

〝落ちこぼれ〟といわれる子たちは、学校でも成績が悪いと評価され、親からも叱られ、自分を認めてくれる場所がなかった。

〝不良〟といわれる子たちは、自分の存在を示そうと、目立った服装をしたり、悪いことをしたりしていたのかもしれない。

「みかんを持っていないのに、どうして人にあげられるの？」

と言った生徒にも、

「それを疑問に感じるって、すごいことだよ」

と、ほめることもできたはずだ。

子どもだけじゃない。大人だって、おんなじ。

一生懸命がんばっていることをわかってほしい。
自分のいいところ、よくできたことに気づいてほしい。
みんな、だれかに認めてほしい気持ちは同じだ。

ほめれば、人はどこまでも成長する。
ほめれば、人との関係も近くなれる。
それを教えてくれたのは、その先生と子どもたちだった。

幸運の鍵

名前を呼んでほめる。

*Selling Point

Attitude ★ 06

どこでも通用するウリがある

うまくいく女《ひと》は、どこでも通用するウリがある。

一方、「私、会社を辞めたら、なんにもできない」という人もいる。

でも、いまの時代、できることなら「会社を辞めたって、なんとかなる」と思いたい。

なぜなら、会社はあんまり当てにならないからだ。

たとえ、同じ会社に居続けたとしても、会社にしがみついて働くのと、ほかにも行けたけど結果的に居続けたというのは、意味合いが、まったくちがう。

「自分は外でも通用するのか」と、会社の外を意識しながら働くこと。そして、会社のなかでも、外でも認められるスキルや、実績など「ウリ」を身につけておくことだ。

私も31歳まで、まったくウリのない女だった。

あれこれと転職を繰り返し、どれも中途半端で、自信をもって「これができます！」と胸を張って言えるものは、なにもなかった。

衣料品店店長をしていたときは、「一生懸命にがんばっていること」だけが誇りだった。

セール前は従業員が帰った後、徹夜をして売場をつくったり、休日出勤して新人教育をしたり。段ボールの箱を敷いて、そこで眠ったこともあった。

店舗を運営していくのは、それほど面白かった。

しかし、その結果、体がボロボロになっていた。

十数人いた同期の店長で、3年経って残っていたのは、ほんの数人。多くの人が体を壊して辞めていった。

いまはそんなことはないだろうが、当時はそれほど、肉体的にきつい仕事だった。特に、女性にとっては。

私は、できればこの仕事を続けたいが、このままじゃ難しいと考えて、女性店長でも仕事が続けられる方法を、提案書として、上司に出してみた。

パッキン（荷物）の大きさや重さを小さくすること。

エレクター（棚）にキャスターをつけること。

労働時間を2交代制にすること……などなど。

我ながらいい提案書ができたと思っていたが、上司の回答はひと言。

「女性店長は、男性と同じようにやれる人でないと務まらないんだよ」

穏やかだが、きっぱりとした言い方だった。

いまだったら、そう言われたって、別な作戦を考えただろう。真正面からぶつかるより、会社のなかで力をつけてから提案したら通るかもしれない。

体がきつければ、総務や商品開発など、本部に異動願いを出すこともできるかもしれない。少し待てば、女性にとって居心地のいい会社になる日がやって来るかもしれない。

でも、そのときは、体が限界にきていて「もう無理」だと思った。いや、それよりも、会社に突き放されたような気持ちがしてしまったのだ。

きっと、いまの会社にとって必要なのは、余計な提案などする店長ではなくて、元気で素直でよく働く店長なんだろう。

辞めていった店長たちのことが蘇ってきて、

「もしかしたら、私も〝使い捨て〟!?」

そんなふうにも思えてきた。

だが、転職しようとしても、「私はこれができます」と言えるものが、まったくない。

いくら「一生懸命がんばった誇り」があっても、3年半ほどの経験があっても、昇格試験で店長ランクを上げていっても、それは会社の外では、なんの役にも立たない。
外に出てしまえば、ただの「無職の女」だ。

そこで、私は、衣料品店で働きながら、着物の着付けを習い始めた。とりあえず、なんでもいいからスキルを身につけよう。資格を取ろう。自分の腕一本で食べていけるようになろう、と安易に考えて。

半年ほど通って師範の免状を取ったところで、退職。

いくつかの場所で、出張着付け教室を開くようになった。

でもこれは、そんなにうまくはいかなかった。

先にも書いたが、私はそれほど着物が好きなわけではなかったのだ。着付けをしていたことから、ブライダルコーディネーターに転身できたので結果オーライだが、ただ「なんでも資格を取ろう」では、仕事が続くわけはない。

スキルや資格も大事だが、いちばんは、その上に積み上げられた経験だ。

そして、経験を重ねるためには、やはり、仕事を好きにならなきゃ続かない。

その後、私は何度も転職したので、「自分が世の中で、どれだけ通用するのか」を、いつも考えざるを得なかった。

そして、世の中の50代で「カッコいいな」「さすがだな」という人たちが、どんなふうに仕事をしてきたのかを意識してきた。彼らは決まって、自分にしかないウリがあって、それを時間をかけて磨いてきた人だった。

野菜の生き字引のような八百屋さん、驚くほど深い知識と情報をもつ校正者やライター、三か国語をネイティブ並みに操る通訳、広い人脈と経験を生かして貿易会社を経営する女性社長、30品のおふくろの味ランチバイキングを短時間でつくるおばちゃん、人望が厚くて社長よりも影響力のある社内のまとめ役、20年以上手づくりの週刊新聞を発行する営業マン……。

彼らのウリは、無理につくろうとするのではなく、目の前の仕事に誠実に取り組むことによって、自然に形成されてきたものだ。

自分のなかの「人とちょっとちがう」という部分に目を向けて、そこに実践を積み重ねると、「なかなか面白い人材」になっていく。それは、ちょっとやそっとじゃ真似できない大きな強みになる。私もいまは「約50の仕事をしてきました」なんていう、一見、欠点のようなことも、人とちがうウリにしてしまう。

大事なのは、自分の価値をいつも意識していることだ。

「自分には、どんなウリがあるのか」
「そのウリは、どこで通用するのか」
「どんなふうにしたら、そのウリを活用できるのか」
「ほかにも、自分の価値を上げる方法はないか」

いまは「私は、なにもウリになるものがない」という人だって、そのウリの芽は、必ず出ているはず。

人からほめられること、好きなこと、夢中になること、ちょっと人とちがうこと……原点に返ってみると、なにかが見つかるかもしれない。

そして、それを求めている場所は、必ずどこかに存在する。
自分という人間を伸び伸びと生かすためには、自分自身のプロデュース力が必要なのである。

幸運の鍵

自分の価値を意識する。

*Believe

Attitude ⋆ 07

自分をできる人として信頼する

うまくいく女《ひと》は、自分をできる人として信頼する。

人間の力なんて、そう大差はない。

「できる人」は、自分のことを「できる人」として信頼する。

「できない人」は、自分のことを信頼していない。

それだけの差なのである。

最初から「できる人」と「できない人」がいるんじゃなくて、自分で「できる」「できない」と決めているから、能力は分けられる。いくらだって「できる人」になれるし、いくらだって「できない人」にもなれるのだ。

そりゃあ、生きていれば、自信を失くしてしまうような出来事は、容赦なくやってくる。現実を見渡すと、「そんなにうまくいくわけはない」と考えたりする。

でも、最後の最後で、自分を信じ切ることだ。

「あなたなら、できるでしょ」と。

私は、地方の新聞社で嘱託社員として働いて2年ほど経ったとき、いきなり会社から、「嘱託社員は5年以上、更新しない」と、宣告された。政府が臨時雇用の最長期間（原則3年、特例5年）を、制度として決めたためだ。

会社側にとっては、「そうするしかない」という決定だったが、私たち嘱託社員にとっては、思いがけない、人生を揺るがす一大事だった。

入社するときに、会社側は、

「契約は一年更新ですが、よっぽどのことがない限り、こちらから更新を絶つことはないでしょう。いたいだけいてください」

と言ってくれた。

私もお言葉に甘えて、「いたいだけいる」つもりだった。

仕事は楽しいし、職場環境も最高によかった。待遇も嘱託社員とはいえ、十分すぎるものだった。もしかしたら、定年までいるんじゃないかと思っていた。

だが、なにが起きるかわからないのが人生だ。

会社は、最初、

「年にだれか一人ずつ、辞めていただくことになります」

と、だれがその対象になるのかを発表しなかったが、結局、いちばんベテランで仕事ができて、いちばん必要とされている人から、ばっさりと契約更新を絶っていった。

「長くいる人から切る」というのが、だれもが納得する理由だったからだ。

私の順番になるのも、時間の問題。

刑の執行を待っている心境である。

そうだ。どうせ辞めさせられるのなら、自分から契約更新を断ろうと、私は38歳で退職を決意した。

しかし、この先どうしたらいいのか、なんにも当てがなかった。文章を書くこと、写真を撮ることは大好きだし、ここまで続けたのだから、やっていきたい。ありがたいことに、新聞社で鍛えてもらった。

でも、地方のフリーライターの仕事は限られていて、普通に考えても、それほどの収入は見込めないだろう。経済的に、これまでのように賃貸マンションで一人暮らしをしていくのは難しいし、実家はすでに両親と弟家族の二世帯住宅になっていて、そこで暮らすことはできない……。

あぁ、一体全体、どうしたらいいんだろうと、ぐるぐる迷路に入り込んでしまったような心境だった。

そこで、毎日、毎日、自分自身に問いかけてみた。

「本当のところ、どうしたいの？」

できるかどうかは別にして、やりたいことを自由に考えてみようと、問い続けた。

すると、それまで、まったく想像もしなかった思いがムクムクとあらわれてきたのだ。

「世界一周をして、いろいろな国を見てみたい」

これは、自分でも驚きだった。

そういえば、小学生のとき、放浪画家、山下清さんにあこがれていた。壁に貼ったロンドンの橋の貼り絵のポスターを毎日眺めて、

「いつか、私もこんなふうに旅をしながら暮らしたい」

と、思っていたんだっけ。

そして、さらに考えたストーリーはこうだ。

「まずは、世界を旅して、戦争、貧困、移民、女性や子どもの問題など、関心のあることを自分の目で確かめる。そして、世界を舞台に、フリーでものを書いたり、写真を撮ったりして働く」

実現したら、なんて素敵だろうとワクワクした。

しかし、最初は「できるでしょ」と思っていたが、時間が経つにつれ、「とんでもないことを考えているんだろうか」とだんだん不安になってきた。

周りの友人たちに話をすると、「素敵！　私たちの分もぜひ実現させて」と応援してくれる人もいたが、

「なに夢みたいなこと言ってんの？　現実的に考えようよ。そんな年じゃないってば」

「そんなにうまくいくもんじゃないよ。どうせ帰ってくることになるんだから、やめたほうがいい」

と、真剣に説得しようとする人もいた。

「外国ってコワイところだよ。悪い人もいるし、犯罪だっていっぱいあるんだから」

と説教する親戚のおじちゃんもいた。

親切心から、

「そろそろ落ち着いてもいいんじゃない？」

と、お見合いを勧めてくれる人もいた。

が、相手は、バツイチ、バツニ、必然的に「介護」の二文字を想像してしまうような高齢の人など、いかにも「なかなか嫁の来手がなくて……」というような人ばかり。

いや、相手に不足はない。38歳のお見合いなんて、こんなもんだ。20代で何度もお見合いをしたが、そのときとは自分も相手も条件がまったくちがう。お見合い市場での、女としての価値を認めざるをえなかった。

いやいや、そんなことより、私は世界を旅して、ものを書く仕事をする……その気持ちでいっぱいになっていたのだ。

いろんな人の話を聞いているうちに、不安にはなったが、「とりあえず、やれるところまでやってみよう」と、計画を推し進めてみることにした。

そして、構想から半年後。貯金をつぎ込んで、地球を一周する船に乗り込んだ。

でも、旅の途中でも「大丈夫」と「不安」の気持ちは、代わる代わるやってきた。

「大丈夫。世界のいろんな状況を見て、広い視点、人が知らない情報をもっていたら、きっと仕事はついてくる」
「大丈夫。これまで仕事の実績を重ねてきたじゃないの。どこでもやれる、やれる」

とポジティブな私が言う反面、
「一人で人脈もないのに、やれるわけないじゃない」
「一緒に仕事をするなら、若い人のほうがいいに決まってる。四十前のライターにいい仕事なんてない」

とネガティブな私も顔を出した。
ネガティブな私の勢力はどんどん強くなってきた。

将来への不安でいっぱいになったときだった。旅の途中で出逢った、ケニアの女性にこう言われたのだ。

「あなたはきっと成功する。自然も宇宙も人も神様も、すべて味方になってくれる。必ず現実になる。でも、絶対に心配しちゃだめよ。心配したことも現実になるから。なにがあっても、１００％信じるの」

その言葉には、妙な説得力があった。

きっと彼女は、遠い祖先から、その言葉を引き継いできたのだろう。真実の言葉だけが、共感を得て伝えられていく。

確かにそうかもしれないと、彼女が言うように、心配したり、不安がったりするのを一切やめてみた。

すると、自由に考えたストーリーが、面白いほど、次々に現実になってきたのだ。まるで、絵本の物語に、命が吹き込まれるように。

私は、地球を一周半ほどして、貧困や子どもの問題、移民問題などを取材した後、1年ほどギリシャやスイスを行ったり来たりして、帰国した翌日から、東京や横浜で働き始めた。

といっても、ライターの仕事がすぐにあるはずはない。

成田空港から、以前登録したことのある派遣会社に、

「明日から働ける仕事を紹介してください」と電話して紹介されたのは、運送会社の仕分け作業。夕方6時から朝6時までの過酷な肉体労働だった。

ほかにも、すき間時間を埋めるように、短期でテレフォンオペレーター、マネキン、販売、パソコンの入力作業など、いろいろな仕事をした。

その間、求職サイトの掲示板に「ライターの仕事、なんでもやります」と出して、仕事を募集したり、ライターが集まる飲み会に参加したり、知り合いになった人から編集者を紹介してもらったり。

ライターとしての人脈づくりを最優先した。

そして、少しずつ雑誌の編集者から「やってみる?」と声がかかるようになった。

「案ずるより産むが易し」

いまだから思うのは、やる前に心配していたことは、なんにも問題ではなかったということ。

問題があるとすれば、ひとつだけ。
「自分を信じられない気持ち」である。
自分を信じる気持ちがあれば、周りのものすべてを味方にして幸運を導く。
そして、思い通りの現実を創り出すのだ。

幸運の鍵

なにがあっても自分を信じる。

* Miracle

Attitude ★ 08

奇跡を信じている

うまくいく女《ひと》は、奇跡を信じている。
みんな、自分を信じたい。
でも、心のどこかで「でもね……」ということは多いだろう。

「いや、そうは言うけど」
「そんなにうまくいくはずない」
「あの人はちがう」
「私には無理」

「失敗したら……」

これは、自分の行動に歯止めをかけてしまう「メンタル・ブロック（心のブレーキ）」。

自分を信じられずに進んでいるのは、アクセルとブレーキを同時に踏んでいるようなもの。このメンタル・ブロックをはずせば、ものすごい勢いで前進し加速度をつけていくはずなのに。

カンボジアのアンコールワットの第三回廊に向かう場所には、外に面した、すんごく急な石の階段がある。

下から見ると、ほとんど垂直になっているかと思うほどだ。

当時は手すりもなかった。ほとんどの観光客は、あきらめてしまうか、別な場所にある手すりつきの階段から上っていた。

チャレンジ精神のある人は試みるが、恐怖のあまり、階段にへばりつく格好になって、ジリジリと時間をかけて上る。

私も「途中で落ちたら、すり傷じゃすまないな。最悪の事態は……」などと思い始めると、足がブルブル震え、結局、4、5段行ったところで止めて、別の階段から上ることにした。

驚いたのは、階段の隅にへばりついている私の横を、地元の子どもたちが、ポンポンポーンとかけ上がっていったことだ。

垂直に見える階段を、スキップするように軽快に、しかも満面の笑顔で。そこは子どもたちの遊び場になっていて、何度も駆け上がったり下ったりを、楽しそうに繰り返していた。

きっと彼らは、「失敗したら……」ということを、まったく考えていない。階段を踏み外して、真っ逆さまに落ちていく自分の姿など、微塵《みじん》も想像していないのだろう。人がやっているから自分もと、なんにも考えず、なんとなくそうしているのだ。

「できる」「できない」と、いちいち考えなければ、「できる」ほうに転ぶのだと、そのとき強く実感した。

つまり、「やる」「やらない」と、単純に考えればいいのだ。

「できない」を考え始めるから、ものごとは複雑になる。

「できない」というのは、結局のところ、ネガティブな思い込みにすぎない。過去の経験や、周りからの情報にとらわれて、ついつい、よくないことを考えてしまう。

だから、「できる」「できない」は考えなくてもいい。

奇跡は、できないと思った人にはやってこない。

それを信じた人にだけ、起きるのだから。

幸運の鍵

「できない」という選択肢をもたない。

*Inspiration

Attitude ★ 09

メニューは時間をかけずに選ぶ

うまくいく女《ひと》は、メニューは時間をかけずに選ぶ。

生きていることは、選択、選択の連続である。

仕事、趣味、恋人、友人、結婚、ショッピング、旅行、休日の過ごし方、夜の献立、部屋のインテリア、観る映画、本……。なにを選択してきたかで、運の良し悪しが決まる。

人生も決まっていく。

運があるから、いい選択をするわけじゃない。

いい選択をするから、運に乗れるのだ。

この最善の選択には、「直感」が一役かっている。

直感とは、自分のなかにある過去のDNAの記憶や、経験や知識、無意識に考えていること……といった膨大なデータベースのなかから、瞬時に導き出された答え。

だから、直感は正しい。

私たちの行動は、意識に3%、無意識に97%、支配されているという。つまり、選択は97%、無意識がしているのだ。

運を味方にしたい、自分の望みをかなえたいと思ったら、まずは、無意識を味方にしたらいい。

そのためには、あまり時間をかけないで答えを出す。

それでも迷ったら、自然に答えが出るまで待つ。やったことがないものであれば、とりあえず、やってみるのもいい。

たとえば、レストランでメニューを見て料理を選ぶときも、やっぱり、ファースト・インプレッションが正しい。

だから、迷わず、「トマトソースのパスタが食べたい」と感じた素直な気持ちを大切にしたほうがいい。

直感は、意味のある答えだ。

そして、直感力を磨くためには、素直になることと、もうひとつ、「いろいろ経験すること」。

直感のデータベースは、「経験」がほとんど。

経験が重なれば重なるほど、直感は研ぎ澄まされてくる。

たとえば、私は、

「この人は、いい仕事をする」

「この人とは、いい関係を築ける」

と、人に対する直感がピン！　と働く。

それは、店長時代のパートアルバイト面接、営業部長時代の社員面接や１００以上の会社の逆面接などで、１０００人以上の人に会ってきたからだ。

最初のころは、まったく直感が働かなかった。

だから、失敗も多かった。

でも、数をこなしていくと、相手を見ただけで、すぐに判断できるようになってきた。明確な理由がなくても、なんとなく。

顔つき、服装、姿勢、雰囲気など見た目も判断材料だが、いちばんは「目」だ。目にその人の本質があらわれる。

見た目と、ひと言、ふた言、言葉を交わすだけで、なんとなく性格まで把握できてしまう。

そして、その直感は大体当たる（いくらかは、外れることもある）。

店長になった最初のころ、

「なんてすばらしい人！」

と採用した人の多くは、職場になじめず辞めていった。

反対に、だれもが反対したが、採用して成功したこともある。

見た目はヤンキー風で、言葉遣いも荒い女性だったが、なんでも率先してやってくれる積極性があった。職場のアネゴ的な存在になって、スタッフをぐいぐい引っ張ってくれた。

多くの面接は、コミュニケーション、敬語、服装などのチェック項目にしたがって、優秀な人から採用する。

でも、私はチェック項目を当てにしない。

それよりも、「その人が、職場になじんでいる映像を描けるか」が大事。いまのメンバーのなかに違和感なく、すんなり入っていけるか、生き生きと仕事ができるか、みんなで成長していけるか……。「いい人材」ではなく、その職場に「フィットする人材」を選ぶとよいことがわかった。

また、海外で危険を避けるのにも、直感が大切。

「あやういところだった」という経験や、周りでスリや詐欺に遭った人、あぶない場所を見てきたから、「近づいちゃいけない」と直感が働く。おかげで、女一人旅でも無事に過ごせてきた。

つまり、直感力を高めるのは、データ量の問題なのだ。

私たちは、経験したことで、学んでいないようでも、無意識は必ずなにかを学んでいる。

いい経験を積み重ねることで学ぶことは多いが、つらい人間関係や失敗、失恋、別れ、災難……そんな一見よくないことも、自分を成長させる糧、生きる知恵になる。

悪いことを経験したからこそ、直感的に避けて通れるようになるし、起きたとしてもうまく対応できるようになる。人としての成熟度も増す。

直感は、幸運な人生を歩くための、心強いサポーターだ。

大いに活用し、大いに応援してもらおう。

幸運の鍵

直感力を磨く。

*Jump

Attitude ★ 10

相手の期待を少しだけ超え続ける

うまくいく女《ひと》は、相手の期待を少しだけ超え続ける。

なにも特別なことをする必要はない。

与えられた仕事で、相手の期待をほんの少し超えるだけ。

たくさん超えなくてもいい。相手の想定する枠から、ほんの1％だけ超える。

すると、相手の心に、大きな感動の風が吹く。あなたは「期待に応えてくれる人」として、強烈にインプットされる。

次にやってくるのは、少し大きめのリクエストだ。そのリクエストも、ほんの少しだけ期待を超える。

それを続けていくうちに、大きなチャンスも、ぽとんと落ちてくる。あなたはそのチャンスを生かして、必ず望む場所にたどり着くのだ。

チャンスを運んできてくれるのは、「人」以外のなにものでもない。「きっと、やってくれるだろう」という、あなたに対する「信頼」がなきゃ、チャンスは決してやってこない。


この「信頼」っていうのは、積み木のようなもので、つくるのはコツコツ時間がかかるけれど、崩れるのはあっという間。一度崩れた信頼は、なかなか再生することはない。

でも、小さなリクエストでも、中ぐらいのリクエストでも、大きなリクエストでも、相手の期待を超え続けたら、「信頼」はしっかりした土台になって、少々のことでも崩れることはない。

ブライダルコーディネーターの仕事をしていたとき、いいブライダル写真を撮ってくれるカメラマンがいなかったことから、軽い気持ちで写真を撮り始めた。

最初の1か月は、写真のスキルがまったくなかったため、思ったような写真が撮れず、クライアントをがっかりさせてしまった。一生の思い出に残る結婚式の写真が、きれいに撮れていなかった花嫁は、さぞ悲しかっただろう。そう考えると、胸が苦しかった。

そこで、考え続けた。

どんなふうにしたら、結婚式という最高のイベントを、美しい写真に残せるのか。どんなふうにしたら、花嫁を最大限にきれいに撮れるのか。どんなふうにしたら、結婚式を挙げた二人に満足してもらえるのか……。

そして、こんなことを始めた。

結婚式の当日の新聞、咲いていた季節の花、空の色、結婚する二人の衣装の着付けやメイクの様子、控室で談笑する新郎新婦、ご両親の表情、式場スタッフの働きぶり、出席者全員の顔、料理、テーブルコーディネート……本人たちが慌ただしいなか、見られなかった、当日の様子をすべて写真に収めた。新郎新婦が自宅を出て行く様子から、追っかけることもあった。

自分だけでは撮りきれないので、自分のギャラから助手も雇った。出ているすべてのブライダル雑誌を買い込み、ドラマティックに撮る構図、光の回り具合、レンズフィルターなど、テクニックを工夫した。

現在、ほとんどがデジタルカメラで、どれだけ撮っても、経費はあまりかからないが、当時はフィルム写真。1回の結婚式に使うフィルムの数、プリント料金は、ほかのカメラマンの倍以上だっただろう。

でも、どれだけ経費がかかっても「クライアントに喜んでもらうこと」が最優先事項だった。

膨大な写真のなかから、二人に選んでもらった数十枚の写真を、業者に頼んで1冊の写真集に仕上げてもらった。これは当時としては、画期的なものだったらしく、写真集を渡すたびに、

「こんな素敵な写真集、初めて!」

「自分たちを、こんなにきれいに撮ってくれるなんて」

と喜んでもらった。

撮影の依頼が紹介で増えたため、友人たちと共同で、ヘアサロンが一緒に

なった写真スタジオをつくった。ブライダル写真だけでなく、料理や建築写真、商品撮影、ポートレートなど、いろいろな依頼も来るようになった。

どんな依頼にも、私は笑顔で、

「できますよ」

と答えた。そして、隠れたところで必死に勉強した。

写真の勉強ゼロ、下積み経験ゼロでプロになったのだ。すんなり撮れるわけがない。でも、「できます」と言ってしまえば、なんとかなるものだ。

クライアントが満足してくれることがすべて。どうしたら相手の期待を超えられるか、しつこく考え続けたら、その方法は自然に導き出された。

そうしているうちに、なんでも撮れる自信がついて、前いた場所より、ずっと遠くの場所に来ていることに気づいたのだ。

さて、相手の期待を超えるために、いちばん大切なことはなにか？　それは、相手の期待を正確に把握することである。

これがわかっていなければ、どれだけがんばっても無駄なところに力が入って、結果を出せないことになる。こねくり回して考えて方向性がずれると、「そうじゃないんだけど」ということにもなる。
だから、相手がなにを望んでいるか、徹底的に話を聞く。相手がどんな性質の人か、なにを大切にする人かを、理解することも必要。言葉だけでなく相手の見た目や行動からも見抜く。

相手がほしいと思うものを、相手の期待よりほんの少しだけ多く与える。そして、心地よいサプライズを起こす。人は感情で動くのだから、いいことやチャンスは次々にやってくる。
これを実行すれば、まちがいなく相手はあなたを、「大切な信頼できる人」として扱うようになる。

幸運の鍵

相手の期待を正確に把握する。

*Lie

Attitude ⋆ 11

嘘を認めている

うまくいく女《ひと》は、嘘を認めている。
嘘は、私たちの周りにあふれている。
嘘でうまくいっていることもある。
正直なのはいいことだが、
「私は決して嘘をつきません」
と言うほうが、どこか嘘っぽく、相手のことを思いやれない人のように感じられる。

ただし、嘘のつき方にも流儀がある。

ひとつ目は、「相手のため」「相手と自分の関係のため」に嘘をつくことだ。相手を傷つけないため、喜ばせるため、仲良くするため……というように、相手のためであれば、嘘は無罪。

たとえ、後でばれたとしても、相手はさほど失望しない。

嘘の言い訳で逃げようとしたり、自分を大きく見せようとしたり……という「自分だけのため」につく嘘は、結果的にうまくいかない。すぐに見抜かれて、人間性をさらしてしまう。

自分を取り繕うための嘘は、自分自身もつらくさせる。

ふたつ目は、1回こっきりで済む嘘か、そうでなかったら、つき通せる嘘であることだ。

中途半端な嘘だと、言うたびに、ちぐはぐなことになったり、嘘を通すために、新しい嘘を重ねたりすることになる。

嘘は、一貫させることである。

もう10年以上も前になるが、世の中には嘘がここそこにいっぱい落っこちているんじゃないかと考えさせられるような仕事があった。

知人の紹介でやり始めた、古物商《こぶつしょう》のアルバイト。

といっても、値打ちものの骨董を扱う商売ではない。法律的にはなんら問題はないということだったが、「こんな商売、あってもいいんだろうか」と疑うような、不思議な商売だった。

その業務内容はこうだ。

道端のあちこちに「お金が借りられない人、連絡ください。電話〇〇〇-〇〇〇〇」とだけ書いた看板が立っている。

当然、多重債務などで、お金が借りられなくなってしまった人たちが、ここでは借りられると思い、連絡してくる。

私はそれを受け付けて、

「ともかく、事務所にお越しください」

と誘導する担当。

事務所には、地方の農協にいるようなタイプの、人のよさげな30代と50代の男性が控えていて、ニコニコ交渉を始める。

「実は、うちは、お金を貸す商売じゃなくて、古物商なんです。お宅にある家電、家具などを買い取らせていただきたいのです」

「え？　でもうちには、そんな高価なものはありません」

「ご心配なく。テレビ、冷蔵庫、エアコン、ゴルフ道具……なんでもいいんですよ。ところで、いくら必要なんですか」

「50万円ほど……」

「わかりました。では、お宅に伺って、いくらになるか査定をさせてください」

そして、一緒に家に行って、テレビ5万円、冷蔵庫3万円、応接セット5万円……というように無理矢理50万円に査定。

「よかったです。なんとか50万円になりました。もし、いまお売りいただけるなら、すぐに50万円、お支払いします」

と、現金を目の前に差し出すのだ。

お客は、のどから手が出るほどお金がほしい。借金の取り立てがあって、一刻を争う。でも、家のものをもって行かれたら困る。生活ができなくなるし、家族にもばれるんじゃないかと思い悩む。

そこで、すかさず「大丈夫です。私どもが買い取らせてもらったものはすべて、リース会社に売却いたします。そのリース会社から、毎月、レンタル料を払ってリースしていただければいいのです。お金ができたら、買い戻しもできます。家具や家電は動かさず、いままでどおりお使いいただけるのです」

これで、ほとんどが即決する。

ただ、毎月の数万円のレンタル料は、永遠に払い続けなければならない。売ったときとほぼ同じ金額で、買い戻すまでは。

かくして、ほかの家族はなんにも知らないまま、自分たちのものではなくなったものを使い続け、いつもと同じように暮らすのである。

驚いたことに、そこにやってくるのは、いかにも「お金に困っています」

という貧相な人ではなくて、どちらかというと「お金はいっぱいもっています」というタイプの社長さん、有名企業のサラリーマンなど。女性も、マダムっぽい人妻や、普通のOL、キャビンアテンダントなどもいた。

その人たちが多重債務に陥った原因の多くは、男性が女性関係（おもに水商売）、女性はパチンコなどの賭けごと。

その不思議な古物商は、結構、繁盛していて、「売る→買い戻す」を、何度も続けている常連客もいた。

人間の裏側を見る、あまりにも切なくなる仕事だったので、数週間で辞めたが、人には、嘘やだれにもいえない秘密が、ひとつやふたつある。それで世の中は成り立っているのかもしれないと、しみじみ思ったのであった。

嘘にはいろいろな側面がある。

嘘をついて、足元をすくわれること、信頼をなくすこと、窮地に追い込まれること。嘘をつかれて、罠にはまること、失望すること、縁が切れること……。

でも、嘘で丸くおさまっていること、保たれていることも、なにかしらあるはずだ。

嘘をあえて追及せず、認めていくことも、うまくいくヒケツなのである。

幸運の鍵

嘘は、人のためにつく。

*Difference

Attitude ★ 12

ちがいが好き

うまくいく女《ひと》は、ちがいが好きである。
ちがいがあるから面白い。ちがいがあるから刺激的だし、学ぶことが多いと思っている。自分と価値観や性質がちがうことに興味をもって、「ほぅ」と、楽しんでいる。

年齢がちがう人。
考え方がちがう人。
生き方がちがう人。

生活習慣がちがう人。

住む世界がちがう人。


世の中には、いろいろな人がいる。

いろいろな考え方がある。

いろいろな生き方がある。

「人それぞれ」……それでいい。


私は、世界を旅するようになって、いままで「あたりまえ」だと思っていたことが、まったく「あたりまえ」ではないことがわかった。


しばらく過ごしたギリシャでは、多くの人が、時間を守らなかった。いや、時間を守らないどころか、約束さえ忘れて、平気ですっぽかす。だから、最初は振り回されて、イライラをつのらせていた。

でも、きっと彼らは、「約束」という概念が日本人とはちがうのだ。

人にもよるが、「明日、3時に会いましょう」というのは「約束」ではなく、「明日3時に会いたいね」という「希望」なのだと考えたら、気が楽になった。

会いたかったら、2、3時間前に電話して、「私たち3時に会うわよね」と確認すれば済む話だ。

「どうして彼らは時間を守らないのか？」と考えてみると、私なりの解釈だが、いちばんは「瞬間（いま）の心地よさを大切にしたい」という気持ちがあるからではないか。

楽しいことがあると、つい時間を忘れてしまう。

歌やダンスが好き、お祭り好き、楽しいことが大好き、おまけに恋愛好きの、陽気でパワフルな国民性を見ると、それが理解できる。

その根底には、「人生を楽しくしよう」という姿勢がある。

だから、予定が大幅にずれても、目くじら立てて怒る人もいない。こちらが、約束の時間に遅れて恐縮しても

「そんなこと、いちいち気にするなんてヘン！　こっちも楽しくやってたんだから」

と笑い飛ばす寛容さがある。

外国で暮らすと「ちがい」だらけである。

でも、ちがいを「Welcome!」と受け入れると、相手をより深く理解できるようになる。


これは、人間関係でも同じだ。

相手を「ちがう」と線引きしてしまったら、なにも理解できない。


派遣の仕事であちこちに行くと、10代から50代まで幅広い年代の人と仕事をするが、世代間の対立はよく起こるものである。40代50代がよく言うのは、

「最近の若い人は、私たちの年代とは、まったくちがうわ。指示されなきゃ、やらないんだから。私たちの新人のころは、自分でやることを探してやっていたわよ」

20代同士でも、

「最近の若いコって、なんでもズバズバ言うんだから」

「メール世代って、実際のコミュニケーションができないのよね」などと、「ちがい」で線引きしてしまったりする。

でも、一人がそうだからといって、すべてがそうだとは限らない。それに、経験や、生きてきた社会環境がちがうのだから、ちがって当然。むしろ、ちがわないほうが、おかしいのである。

でも、もしかしたら、どこかのツボを刺激すると、化学反応のように、なにか面白い変化が起きるかもしれない。

世代間で対立していた人たちも、ふとしたきっかけで仲良くなることがある。

相手を「〜な人」と、決めつけてしまうと、可能性は狭まってしまう。それよりも、

「どんなことに興味をもっているんだろう」

「どんなことが得意なんだろう」

と興味をもって接してみると、意外な発見や学ぶことも多い。

また、ちがいが好きな人は、恋愛でも幸せになれる。
それは、「ちがい嫌い」から「ちがい好き」になった私の実感だ。
まずは、ちがうタイプの男性を好きになれれば、マーケットが広くなる。
だから、恋愛活動が活性化される。

自分と同じような価値観、同じような家庭環境、同じようなファッション感覚、同じような学歴、同じような趣味、同じような時代背景……と、どこかの部分で「お似合いの」とか「共感できる」という相手を探そうとすると、ターゲットは、かなり絞られる。
特に、年齢が上がっていくと、周りは結婚して抜け、残っている男性は徐々に少なくなる。

でも、好きになるのに、共通点なんか、なくてもいい。
自分と「まったくちがう人」でいい。

なぜか惹かれる……それだけで十分。

これで、ターゲットが10%ぐらいから70%ぐらいになる。

「目の前の人と、なにか起きるかもしれない」

そう考えるだけでワクワク楽しいし、恋愛体質に化学変化を起こしていく。これで「いい出会いがない」という悩みも、かなり解消される。

「ちがい」から得るものは大きい。

幸運の鍵

決めつけるのをやめてみる。

*Good timing

Attitude ★ 13

「ちょうどよかった」とつぶやく

うまくいく女《ひと》は、「ちょうどよかった」とつぶやく。
「ちょうどよかった」を繰り返していると、素敵な偶然、シンクロニシティに気づきやすくなるのだ。

たとえば、「電話をかけようとした瞬間、相手から電話がかかってくる」
「前日にふと思い出した学生時代の友人に、ありえない場所でばったり会う」
「偶然通りかかった店で、ずっとほしいと思っていたものが、大幅にディスカウントされているのを見つける」
「テレビをつけたら、旅行したいと思っていた場所の企画番組をやっている」

くれる。

……などなど、「ちょうどよかった」という小さな偶然が、頻繁に起きるようになる。不思議と、求めているものが、絶妙なタイミングでやってきてくれる。

私は、「ちょうどよかった」をつぶやくうちに、大きな「ちょうどよかった」が起きやすくなった。

大きな「ちょうどよかった」のひとつにこんなことがあった。

35歳のとき、私はカメラマンとして独立して2年ほど経ち、仕事もこなせるようになっていた。

「そろそろ別のこともやってみたいな」

そう考えていたときだった。

たまたま実家から持ち帰った1週間分の新聞に目を通していると、地元新聞社の「編集者募集」という求人広告が目に飛び込んできた。

「編集者」なんて、それまでの人生で一度も会ったことはない。どんな仕事なんだろう。面白そうだから、応募してみようか……。

年齢制限は35歳。

「ちょうどよかった。あと4か月後だったら、応募できないところだった」

応募締切は、まさにその当日。

時計を見ると、夕方7時を過ぎるところだった。

「ちょうどよかった。明日だったら、完全に間に合わなかった」

今日が締切日なんだから、今日中にもって行けばいい。いや、夜12時にもって行っても、担当者はいないだろうから、明日の朝までにもって行けば、なんとかなるはずだ。

それから、応募資料を用意し始めた。

履歴書とそれに貼る写真は、偶然、1枚ずつ家にもっていた。

「ちょうどよかった。買いに行かずに済んで」

職務経歴書も10近くある職種と仕事内容を丁寧に書いた。

課題である『あなたが出合ったドラマ』というエッセイも書いた。これは少々時間がかかった。

文章なんて、学生時代以来、ほとんど書いたことがないのだ。あっさり書けるわけがない。でも、そのちょっと前、たまたま人生のドラマを目の当たりにしていた。

40年以上、行方不明になっていた父の姉が見つかり、家族で大阪まで会いに行ったのだ。そして、姉と弟の感激の対面。

当時、3人の子どもと夫を捨てて、恋人のもとに走った伯母は、80歳を過ぎてもその恋人とひっそり暮らしていた。こんなドラマティックな実話は、めったにない。

「ちょうどよかった。いいドラマがあって」

何度も何度も書き直して、終わったのは朝の4時。もう、空が白み始めていた。

そして、自転車をぐんぐんこいで、新聞社まで届けに行った。

忘れもしない。新聞社までの道のりは、繁華街を通る約2キロ。その間、信号で止まることは一度もなかった。

さわやかないい朝で、徹夜明けというのに、気分がよくてたまらなかった。なにかが後押ししてくれている……そう強く感じた。

そして新聞社の守衛さんに、応募資料を渡し、

「担当者が来る前に、机の上に置いておいてください。昨日が締切だったんです。きっとですよッ」

と、お願いした。私の顔が相当、真剣だったのか、守衛さんは「いますぐに、もって行きますよ」

と快くOKしてくれた。

「ちょうどよかった。親切な守衛さんで」

そして、書類審査、面接……と、とんとん拍子に進み、私は50倍近い倍率の採用試験に合格。採用された理由は、デジタル写真が撮れるという理由だった。当時、フィルム写真からデジタル写真への移行期で、そのスキルを評価してもらえたのだ。

「ちょうどよかった。デジタル写真をやっていて……」

こうして、私は「ちょうどよかった」の連続で新聞社に就職し、文章を書

く仕事を始めた。

私の人生、シンクロニシティが重なり合って、ここまできたようなものだ。


さて、シンクロニシティは、自分の意識次第で起こりやすくできる。

まずは、素直になることだ。

「〜したい」「〜しよう」という気持ちと、それをサポートしてくれる現実が結び付いたときに、「ちょうどよかった」はひょっこりあらわれる。

たとえば「天職を見つけたい」「□□さんに会いたい」「○○に旅行に行きたい」「△△がほしい」……そんな欲求を素直に認めて、心の片隅に置いておく。絶対にかなえたい目標や願いは、なにかに書いたり、人に話して繰り返すと、その気持ちは強烈に、無意識のなかにインプットされる。

「求める力」が明確であると、シンクロニシティは起こりやすくなる。

そして、シンクロニシティが起こりやすくなったら、大いに活用することだ。

素敵なことが起きたら、思いっきり喜んで感謝する。
暗示のようなことが起きたら、見逃さないように注意する。
ステップアップにつながることが起きたら、丁寧に生かす。
せっかくやってきてくれたのだから、無駄にしちゃいけない。
そのままにせず、「じゃあ、どうする？」と、次につなげていく。
「活用する力」があってこそ、シンクロニシティは完成する。

人生は偶然の連続。
一見、偶然だけれども、その人の資質や欲求に合わせて起きる必然である。つまり、その必然を起こしていくのは、あなた次第なのだ。

幸運の鍵

偶然を思いっきり喜ぶ。

* Money

Attitude ★ 14

「お金を稼ぐ女になる」と決めている

うまくいく女《ひと》は、「お金を稼ぐ女になる」と決めている。

その強い意志が、お金を稼ぐための運気を引き寄せる。

お金を生み出すアイデアやチャンスが、次々に降ってくる。

なんとかして多く稼ごうとすることとは、「自分」という商品の価値を高め、それを生かせる場所を見つけること。自分がやったことが、最大限に報われる方法を考えることである。

自分を成長させて、いい仕事をし、それに対して、会社や顧客などが喜んで、十分な報酬を支払うという「WIN-WIN」の関係で、仕事はうまくいくスパイラルに入る。

反対に、「お金を稼ぐ」という気持ちが大前提になければ、どんな仕事をしても、どれだけ仕事をしても、どんなに一生懸命がんばっても、薄給のまま。

世の中には、

「私はそんなにお金を稼げる人間じゃない」

「いまのご時世、そんなに簡単には稼げない」

なんて言っている女性が、残念ながら多い。

偉そうなことは言えない。実は、私も「お金を稼げない女」だった。

フリーライターになった当初、働いても、働いても、経済的に豊かにはなれなかった。すき間時間にアルバイトをしたり、睡眠時間を削って仕事をしたりしているのに、稼ぐ金額は、一人でやっと食べていける程度。雑誌のギャラは、ほぼ決まっていて、知識や情報力が豊富なベテランもみんな同じ。同じどころか、不況のあおりで、だんだん下がる一方だった。

でも、私は、どうしても、自分自身が納得して満足する報酬が必要だった。このままずっと一人で生きていかなきゃいけないかもしれない。10年後、20年後、この先どうなるかもわからない。自分や家族が病気になったときや、なにかあったときに頼りになる自分でもいたい……。

なんとかしなきゃ。稼業を変えたほうがいいんだろうか。でも、この仕事は続けたい……と、あれこれ考えに考えていたときに出会ったのが、ある有名女性作家だった。

その方のご自宅に何度かお邪魔する機会があり、その素敵な暮らしぶりにも感動したのだが、心にいちばん深く刻まれたのは、仕事に対する姿勢だ。

その女性作家は、もともと日本にやってきた外国人留学生。通訳のアルバイトで学費と生活をつないでいたという。40年以上前のその当時から、

「私は、そのあたりにいる普通の通訳とはちがいます。〇〇円以上の仕事じゃないとやりません」

と、仕事相手と交渉してきたという。その姿勢は、自分の仕事に対する自

信でもあり、いまも変わっていない。

そして、驚くような金額を提示しても、それを払わせるだけの仕事ぶりであり、だからこそ彼女は長い間、求められ続けているのだ。

その方に出会って、私は作家の道を志すようになった。


ところで、そもそもなぜお金を稼ぐ女になる必要があるのか。

いちばんは、自分の気持ちに正直な選択をするためだと思う。いくら「やりたいことをやっているからお金はいらない」といっても、お金がないために、その夢が挫折してしまうことだってある。人の気持ちもすさんで、仲の良かった家族も、けんかを始める。

自分のやりたいことをやるとき、だれかになにかをしてあげたいとき、ほとんどの場合で、お金は必要。夢や目標を実現させてくれる、ありがたいサポーターである。いくらかの蓄えが安心や余裕になることもある。

もうひとつの理由は、稼いだ報酬は、仕事人としての自分への評価、「認めてもらっている」という証《あかし》でもあるからだ。

何年も仕事を続けて生産性が上がっても、報酬が変わらないのであれば、不満も出るし、モチベーションも下がってしまう。どこの職場に行っても、給与や時給が少なければ、「自分はこんなものか」と自信もつかめない。

でも、仕事力とともに報酬がアップしていくなら、うれしいし、楽しいし、やり甲斐や成長にもつながる。

報酬は、一生懸命取り組んだこと、仕事力を重ねてきたことへのプライドでもある。


「自分で稼がなくても、親や夫が稼いでくれるなら、それでいいじゃない」という人もいるかもしれない。確かに、男女の役割分担がはっきりしていた30年前はそれでよかった。

でも、家族の形態が変化した現代で、人に依存する生き方は、とってもあぶなっかしい。これだけ離婚も多くなっているいま、「稼げないから」という理由で、自分の選択を制限し、我慢しなきゃいけない道は歩きたくない。

世の中は移り変わっていく。

だから、自分で使うお金は、自分で稼いでいく方法が、いちばん安定している。そのうえで、出産や介護、病気などで働けない時期は、家族や周りの人と助け合っていく。

どんな時代も、どんな状況になっても、稼げる人、食いっぱぐれない人になっていれば、なにも怖いものはない。

お金は幸せであるための、重要なファクターである。

まずは、「自分の豊かな人生のためには、お金が必要」と自覚することが始まり。

そして、自分という商材を使って思いっきり稼ぐ女になろう。

幸運の鍵

お金は必要だと自覚する。

* *Act*

Attitude ★ 15

真似で覚える

うまくいく女《ひと》は、真似で覚える。

つまり、できている人を「真似ている」のだ。

その人に成りきって振舞ってもいい。

「モデル」がいることが、自分のうまくいくイメージをつくりやすくしてくれる。

たとえば、

「こんなにたくさんの仕事、期限までに片づけられない！」

と、絶望と不安に陥ることがあるだろう。

でも、あきらめちゃいけない。

いきなりとりかかるよりも、まず、心を落ち着けて、ぱっぱと大量の仕事を難なくこなしている人のことを考える。

「彼女ならきっと、うまくやれる。どんなふうにするだろう」

できる人がいるんだから、自分だって、やり方次第でできるはず。そのイメージが「きっとやれる！」という確信になる。

私は、20代のとき、バーテンダーになりたいと本気で思っていたことがあった。

まずは、蝶ネクタイの制服と、カチャカチャとシェイカーを振る姿が格好いい。

洗練された立ち居振る舞い、おしゃべりも格好いい。

当時、まだ女性のバーテンダーは少なくて、きっと希少価値でお客がついてくれるんじゃないかと簡単に考え、修業してみることにした。

私が最初に働いたのは、カクテルづくりのコンテストで何度も入賞経験のある、カリスマバーテンダー（50代）のいるお店。

初日に先輩のバーテンダーから教えてもらったのは、ウィスキーの水割りに入っている、氷のかき交ぜ方だった。

3本の指を使って、マドラーをクルクルと回す。


これがなかなか難しい。

来る日も来る日も一人で黙々と練習したが、どうもぎこちなくて、うまくいかない。


そこで、カリスマのやっているマドラー回しの様子をよく見て、そのイメージを頭に叩き込んだ。手つきが、静かなリズムをとっているように美しい。

そして、それを真似ていると、私も自然にできるようになってきた。完ぺきではないけれど。

カリスマは、カクテルづくりのテクニックもすばらしいが、お客に心地いい空間を提供するのが、最高にうまかった。

非日常を求めてやってくるお客は、彼の話術や、さりげない心遣いに、心から酔った。

なぜ、こんなにお客をいい気分にさせるんだろう。

よく観察していると、そこにはさりげないプロの技があった。

一度来たお客の名前、好みのお酒は、すべて覚える。

お客の気分を察して距離感をつかむ。

余計なことは話さない。

絶妙なタイミングでお替わりを勧める……などなど。

私は、カリスマのやっていることを、できるだけ真似ようと努めた。

そして、「カリスマだったら、こうするだろう」と成りきって振舞っていると、自分のやっていた行動や会話が、いかにずれていたか、いかに無駄があったか、どこにポイントをおけばいいのかがわかってきた。

「よーし。このままカリスマ女性バーテンダーになってやろう！」

と目標を立てたが、私にはバーテンダーとして、致命的な欠点があった。

それは、お酒をまったく飲めなかったことだ。

お酒の味を確かめられない状態では、やはり難しかった。

しかし、ここでは「真似る」ということを学んだ。

私は、どんな仕事をしても、人を真似てきた。

教えてくれる人がいてもいなくても、最終的には、自分で成長していくしかないのだ。

「あんなふうになりたい」

「あの人のこの部分は取り入れよう」

というところを、真似て真似て、自分のものにすることで、不可能が可能になる。

写真家であれば、面白いと思う写真家の視点を、作家であれば、好きな作家の表現方法を。同じ職種でなくても、話し方、時間術、人との付き合い方など、真似たいところはいくらでも真似る。
ただ、いちばん真似たいのは、テクニックではなく、仕事を極めようとするマインドだ。
だから、一流のスポーツ選手にも、すぐ近くの商店にも、真似たい人はたくさんいる。

自分以外の人はすべて、先生なのである。

幸運の鍵

自分のカリスマを見つける。

*Waiting

Attitude ★ 16

自分からお願いしない

うまくいく女《ひと》は、自分からお願いしない。

なぜなら、自分からお願いしないほうが、人の好意や恩恵を受けやすいからだ。

お願いをすれば、多くの人は応えてはくれるだろう。

でも、依頼することで、相手は「やってあげなきゃ」という義務感が発生する。これでは、受け身の姿勢である。

相手が、自発的に「やりたい！」と思ってくれることが重要なのだ。

「義務」より「意志」のほうが、エネルギーはずっと強い。

つまり、相手のために「〜したい」という好意でつながっている関係が、いちばん強いのだ。

私はこのセオリーを、20代のときにやっていた水商売のアルバイトで、25歳のチーママから学んだ。彼女はあまり美人ではないが、いつも売上はトップ。面倒見もよく、アルバイトホステスからの人望も厚い人だった。

私たちアルバイトは出勤してすぐに、馴染みの男性客たちに電話するのが日課。

「今夜、お店にきて。お願い〜！」

「ボトル1本、入れて。でないと、今月ノルマが達成できなくて、マネージャーから怒られるの……」

同情で気を引くのも最初は通用するが、そう長くは続かない。男性客は、かなり引き気味になってくる。こちらも「ボトルを2本も入れてくれたから、1回ぐらいは食事を付き合わなきゃなぁ」という気持ちにもなってしまう。

ところが、あるとき、チーママがお客に、この「お願い攻撃」をほとんどしていないことに気づいた。

お客に電話しても

「元気？　あんまり無理しないでね」

「ちょっと相談があるんだけど……」

などと、普通の友人のように接していた。

彼女が、お願いをしない代わりにしていることが、ひとつだけあった。

それは、「相手がほしがっていることを与える」ことだ。

もちろん、男女関係の欲求には簡単に応えられないのだろうが、その分、

「相手のほしがっている情報を提供する」

「相手が好きなものに理解を示す」

「相手の話をよく聞いて、ほめる」

など、人としての理解を示し、喜ぶことをやっていると、相手は自然に歩み寄っていた。

たとえば、ある営業マンが、接待で利用するいいお店や二次会の場所がないと嘆いていたことがあった。

そこで彼女は、いろいろな人に、行ってよかった料理屋、クラブやバーなどを聞きまくってリストアップし、料理のおいしさ、収容人数、値段、サービス、特徴などを表にして渡した。

これは、ほかの営業マンにも、重宝がられた。

飲食店関係に人脈がある彼女は、毎日のように営業マンの代わりに予約をとり、店側にも、とても喜ばれた。飲食店の店主や従業員たちもよく、私たちの店にやってきた。

また、お客の仕事関連で「この人を会わせたらお互いにプラスになる」という人と人とのセッティングが得意で、そこから仕事が生まれたり、交友関係が広がったりすることもあった。

「チーママには恩があるんだよ」というお客は多かった。

ほかにも、単身赴任のサラリーマンには、保存食をつくってもたせたり、読書好きの客とは本を交換し合ったり、お客の誕生日には必ず、相手が気持ちよく受け取れるようなプレゼントを用意したり（ネクタイや花などは家にもって帰れず、困ることが多い）。

彼女は、無理に人脈を広げたり、新規の客をつかんだりするのではなく、いまいる自分の顧客を最大限に大事にすることで、信頼できる常連客や、チーママのためなら一肌脱ごうというファンを増やしていったのだ。

「ホステスは天職！」とプロ意識をもって、心から仕事を愛している人だった。

彼女から学んだ大切なこと。それは、相手から「なにかしたい」と思ってもらえる関係をつくること。不思議と、人は相手のためになにかをすればするほど、愛情のエネルギーは強くなっていく。

そのためには、こちらから相手が喜ぶこと、愛情を精一杯、提供する。たとえそれが自分に返ってこないことでも、

「相手が喜んでくれれば、それでＯＫ！　十分うれしい」

という気持ちで。

見返りを求めない好意は、感動を与える。

人は心が動いて、自分から動くのだ。

幸運の鍵

見返りを求めない好意を与える。

*Well

Attitude ⋆ 17

簡単なことを丁寧にしている

うまくいく女《ひと》は、簡単なことを丁寧にしている。

余計なことは考えず、目の前のことだけに集中する。

なんでも丁寧にすると、自然に心が込められる。

きっと行動しているうちに、脳内アドレナリンが分泌されて適度な興奮がもたらされ、やる気がわいてくるのだ。


出勤して、「今日はなんだか仕事をしたくないなぁ」と思っていても、とりあえず簡単なデイリーワークや入力作業を丁寧にやる。そして、ひとつひとつを終わらせていくと、自然にはずみがついて、大仕事にも取り組める。やりたくない課題も、丁寧にやっているうちに、いつの間にか熱中する。「丁寧にする」ことが大事なのである。

幼いころ、両親が共働きの我が家では、お皿を洗うのが、私の日課だった。

そのとき、父から妙なことを教わった。

「お皿を洗うときは、裏側を丁寧に洗いなさい。そうしたら、表側もきれいになるから」

そのときは「ウソだ〜。そんなこと、あるはずない」と反論したが、不思議なことに、裏面を丁寧に洗うと、表面もきれいになるような気がした。ピカピカになった茶碗や皿を見て、小学生ながら、

「私、いい仕事してる！」

と満足したものだ。嫌いだった皿洗いも、いつの間にか苦ではなくなっていた。

物理的なことはさておき、簡単な茶碗洗いでも「裏側まで手を抜かない

で、きれいにする」という気持ちが、仕事の面白さ、出来ばえとしてあらわれたのだと思う。

「叱られない程度に、汚れたところだけ、さっと洗おう」と、取り繕うような気持ちだと、ご飯粒の洗い残しがあったり、手垢がついたままだったりしたかもしれない。仕事は、つまらないものになっていただろう。


日常生活、仕事のほとんどは、簡単なこと、あたりまえのことで成り立っている。

膨大なやるべきことがあって、どれから手をつけていいかわからず、パニックになってしまったときは、とりあえず、目の前の簡単なことから丁寧にすればいい。


たとえば、自分のために、丁寧にお茶を入れる。

お茶碗をお湯で温めておき、お茶の葉の分量、温度、時間も調節する。同じお茶碗、お茶の葉を使っていても、丁寧さによって、お茶のおいしさは、まったくちがう。
「よし、いいお茶が入った」と思って飲むと、幸せなひとときを過ごせる。
もし、だれかに入れたお茶なら、相手まで幸せにするだろう。
こうやって、目の前の簡単なことがうまくできた満足感で、次の仕事にも取り組める。
そうして、ひとつひとつを片づけていくと、必ず、すべてが終わる。

幸運の鍵

まずは、目の前のことから丁寧にやる。

*Hole

Attitude ★ 18

落とし穴があると知っている

うまくいく女《ひと》は、落とし穴があると知っている。

落とし穴とは、行く手のあちらこちらに待ち構えている、ちょっとした障害や罠。

遠くばかりを見て、足元が見えていないと、草に隠れた穴に、ひょいっと足をとられてしまう。

うまくいっているときほど、落とし穴が見えにくくなっているので、気をつけたほうがいい。

ゆっくり進んでいるときは、落とし穴に気づくが、軽快に走っているときは、足元が見えないのだ。

まず、やってくるのは、「嫉妬」という落とし穴。
女性の多くは、これでつぶされてしまう。

営業成績が1位になったとき。
社内で昇格したとき。
結婚、出産したとき。
会社を興して社長になったとき。

同性の嫉妬もあるし、異性から降り注がれることもある。
でも、大丈夫。少々風当たりが強くなっても、気にしなくていい。これは、自分の問題というより、嫉妬する側の問題だからだ。相手を立てたり、感謝したり、お腹を見せたりして、淡々としているうちに、ふいに嫉妬がやむこともある。

自分の目的を達成するために、嫉妬なんかでつまずいちゃいけない。つらいこともあるけれども、それほど衝撃を受けることではない。

出る杭が打たれるのは、世の常。嫉妬はどこでも起きるもの。称賛のひとつと、覚悟を決めて進んでいこう。

それから、これは自分の問題だが、「慣れ」という落とし穴がある。この「慣れ」が実は、コワイ。

自動車運転事故も、初心者ではなく、運転に慣れてきたときに頻発するという。

仕事でも気を抜いたときに、失敗やミスが多発する。

だから、慣れるほど、丁寧に取り組む。

「おごり」という落とし穴もある。

「おごり」とは、思い上がり、うぬぼれのこと。

自分を実物以上に評価することである。

たとえば、過去の栄光にこだわる「おごり」。

自分の才能に対しての「おごり」。

成功や、試験・資格に合格したことでの「おごり」。

地位のある配偶者やお金を持っていることでの「おごり」。


人とちがう立場になって、「上から目線」になっているときに、過ちを犯しやすい。おごった態度で振舞っていると、実際には大した仕事ができなかったり、まちがいに気づかなかったりして、痛い目に遭う。失敗したら、ここぞとばかりに叩かれる。

謙虚さは、決して忘れちゃいけない。自信と謙虚さ、どちらもバランスよくもつことが大事なのだ。


私も35歳で新聞社に入社、フリー情報誌の編集者になって1年目に、この「慣れ」「おごり」という落とし穴に落っこちた。

旅レポートの記事に対して、

「どうしたの？　つまんないじゃない」

と、尊敬する女性上司に言われたのだ。

さらに追い打ちをかけるように、

「この記事、取材してしばらく時間が経って書いたでしょ？」

思わずはっとした。

旅の行程やスポット情報など、基本情報を入れているだけで、旅の楽しさ、臨場感が、まったく伝わってこない……。

そうだ。1年間、仕事を覚えるために必死で進んできたけれど、だんだん手を抜くことを覚えていた。執筆にも慣れて、

「1000字ぐらいの記事なら、2～3時間もあれば書けるかな」

と、仕事を後回しにする余裕も出てきていた。

でも、わかる人が読めば、わかるのだ。


確かに、それまで自分が書いた記事を通して読むと、最初のころのほうが、断然、面白かった。写真も初心者のときのほうが、いい写真が撮れている。型にはまらず、対象物を新鮮にとらえている気持ちが伝わってくる。

これには、深く反省した。

落とし穴の正体は、自分の能力に対するおごり。慣れや経験からくる「適当さ」だ。

それからは、どんな記事にも「自分のなかでベストなものをつくる」という気持ちで取り組んできた。

そうすれば、深く掘り下げることもできるし、新しい課題も見えてくる。やれることは、いくらだってある。

一通りできるようになった段階で、さらに極めようとする人と、これぐらいでいいだろうと「そこそこ」に甘んじてしまう人とでは、成長はまったくちがう。

猿楽師、世阿弥の『花鏡』に、「初心忘るべからず」という言葉がある。「最初のときの、真剣な志を忘れてはいけない」という意味もあるだろうが、これには、もう少し、先がある。

是非の初心忘るべからず
時々の初心忘るべからず

老後の初心忘るべからず

私なりの解釈をするとすれば、

「人生のどの時点でも、スタート」ということだ。

なにかを始めたときは、当然「始まり」だが、その道の途中、途中でも、その段階から先を目指そうとすると「始まり」、老後には老後の、完成された世界をつくっていく「始まり」がある。

つまり、いまの時点からが「スタート」。

さらに高い段階を目指して、

「自分はまだまだだけれど、きっと目指すところに到達する」と考えるところに、成長がある。

仕事に、「これで終わり」ということはない。


これらの落とし穴に気づくためには、いつも第三者の目をもっていることである。もう一人の自分が、親友のように、温かく見守っていると考えたらいい。

「自分はいま、どんな状態なのか」
「周りはいま、どんな状態なのか」
「周りから自分はどう見えているのか」

本質を見失わないように冷静に、この3点をチェックする。
そして、歪《ゆが》んだ点を見つけたら「気をつけたほうがいいよ」とアドバイスする。

落とし穴の存在を知っていれば、なにも怖がることはない。

幸運の鍵

第三者の目をもつ。

Unclear

Attitude ⋆ 19

グレーゾーンが多い

うまくいく女《ひと》は、グレーゾーンが多い。

白か黒か、はっきりさせようとすると、可能性が狭まってしまうからだ。「グレー」とは、白でも黒でもない、あいまいな領域。どっちにも転ぶ……それでいいのだ。だって、この先どうなるかわからない。流れは「白」にくるかもしれないし、「黒」にくるかもしれない。

明確な答えが出ていること以外は、無理に決めつけず、「グレーゾーン」のままでいく。

しかし、私は以前、はっきりしないのがイヤで、白黒つけないと気が済まない性格だった。

答えを出さないと前に進めない……そんな気がして、多くのことを自分自身で早急に結論を出してきた。


特に仕事はそうだった。

「なんて私にぴったりの仕事なの。ぜひとも挑戦したい」

とやり始めて、ちょっと障害があったり、自信をなくしたりすると、

「やっぱり合わないみたい。別なことをしよう」

と、さっさと見切りをつけて転職した。

先行きの見えない状況を続けていることに焦りを感じて、

「このままじゃ、時間がもったいない。方向転換をしたら、もっとぐんぐん先に進んでいけるはず」

と思っていた。


でも、別なことを一から始めることのほうが、ずっと時間がかかり、困難

な道なのだ。仕事を覚えるには、ちょっとやそっとの時間じゃ済まない。新しい職場で自己紹介をして、お互いを探り合い、人間関係も一から築かなきゃいけない。

なにも早急に答えを出そうとせず、もう少し続けてみれば、仕事の面白さを見出したり、結果を残せたりしたのかもしれない。

恋愛だって、そうだった。結婚願望が強かった20代前半は、恋人に、

「私たち結婚するの？　どうするの？」と迫り、

「結婚は、まだわかんないよ」と言われて、

「んじゃ、やめましょう。さよなら」

と、別れを告げたこともあった。

「はっきりしない＝本当に好きじゃない」と判断し、自分の気持ちを受け止めてもらえないことが、苦しくて耐えられなかった。プライドも大いに傷ついた。そして、

「これ以上、無駄な時間を過ごしたくない。新しい人を見つけて、先に進んだほうがいい」と考えたのだ。

愛情の量り方を完全にまちがっていたし、自分の愛情だって、どれだけ育

っていたのか、かなり疑問である。

それに、新しい人と出会い、一から始めるほうが、よっぽど遠い道のりだった。もう少し続けてみれば、進展があったかもしれないし、結婚しなくてもいい友人にはなれたかもしれない。

仕事も恋愛も、あっちに行き、こっちに行き、振り幅が大きいから、とっても疲れた。若いうちには、それもいい。

動きながら、傷をつくるたびに、なにかを学んでいる。

でも、だんだん無理に答えを出す必要なんかないことが、よーくわかってきた。もし、あのころの私にアドバイスできるとすれば、

「時間はたっぷりある。そんなに焦ることないじゃない」だ。

人生は、あいまいなことだらけ。

「100％」ということは、ほとんどない。

ものごとにはいろいろな側面がある。表もあれば、裏もある。

時間とともに変化していく。

だから、明確に答えを出して、どちらかに偏《かたよ》るよりも、実は、どっちにも転ぶという「グレーゾーン」のほうが安定している。

「好きでも嫌いでもないもの」
「善かもしれないし、悪かもしれないこと」
「友だちのような、そうでもないような関係」
「やるかもしれないし、やらないかもしれないこと」

はっきりしないこと大歓迎。無理に線引きをして、自分で自分を、自分のつくった型に押し込むことはない。
先行きをワクワクして見つめ、「グレーゾーン」を楽しめたら、あなたはまちがいなく、うまくいく女《ひと》になっている。

幸運の鍵

答えは無理に引き出さない。

*Needs

Attitude★20

ニーズは自分でつくる

うまくいく女《ひと》は、ニーズは自分でつくる。

仕事は、もともとなくても、自分でつくり出すことができる。

人のニーズ（必要性や需要）を探すか、つくってしまえばいいのだ。

「自分ができること」があって、「求めてくれる場所」があれば、仕事は成立する。

地球を一周する船に乗ったとき、乗客の半分ほどは60代70代だった。彼らは、とっても元気で、セミナーに参加したり、精力的に英語を学んだりしていた。でも、なにかが足りない気がする。そうだ。「娯楽」だ。

この船には、60代70代が楽しめる娯楽があまりないのだ。

どんな娯楽がいいんだろうと考えた結果、思いついたのが、「演歌歌手」だった。


それまで私は、本業の傍ら、ときどき、ある女性演歌歌手のマネージャーとして、地方の夏祭りや、イベントに付き添う仕事をしていた。

30代の彼女は、メジャーではないが、明るくて歌がうまく、トークが面白いので、地方では引き合いが多かった。

その彼女を船に乗せたら、ちょっと面白いことが起きるんじゃないかと考えたのだ。彼女だったら、きっと中高年のアイドルになるだろう。演歌歌謡ショー、カラオケ教室、のど自慢大会……想像はどんどん膨らんできた。その大型客船の上で、彼女が華々しく歌っている姿が、容易に想像できた。

すぐに船の主催者に提案。演歌歌手の乗船が決まり、3か月後、私も再びマネージャー、旅のレポートを書くウェブライターとして、一緒に乗り込んだ。

私の読みは当たっていた。

演歌歌手は、船内で大人気。ウクライナ人のバンドに演奏をしてもらった歌謡ショーは満員御礼、カラオケ教室の生徒は１００人以上にふくれ、毎日数回に分けてやるほどだった。

大海原を航海しているとはいえ、狭い船内だ。ストレスもあって、みんな大きな声を出すのが快感のようだった。本当に楽しそうに歌っていた。

ご主人を亡くしてショックのあまり声が出なくなってしまった女性が歌えるようになったり、カラオケ嫌いで人前で歌ったことのない男性が、歌にハマったりというドラマもあった。カラオケ教室内で、世代間の交流もあった。演歌歌手の乗船は、大成功だった。

私は、「ここに、こんなものがあったらいいな」を形にするのが好きだ。

着物着付け講師をやっていたときは、大学、短大の女子寮に、卒業式の着付けの営業に行った。女子寮だったら、たくさんニーズがあるだろうから、まとめて着付けられると考えたのだ。

これは何校かから依頼があり、まとめて10人ぐらいずつさばいた。私一人では足りないので、着付け仲間を2～3人、和装用のメイクも必要になるだろうと、メイクのできる女性も連れていった。

フリーカメラマンをやっていたときは、「女性はいちばん美しいときを、撮ってほしいはず」と考え、メイクアップアーティストと組んで、ポートレート写真集を、商品として売り出した。

これは、30歳前後の女性や、カップルにニーズがあった。ときには、女装して撮りたいという男性からの依頼や、セミヌードを撮ってほしいという女性からの依頼、遺影を残したいという高齢の方からの依頼もあった。

最近、実家の近くでは、公共事業の仕事がなくなった建築業者が、焼酎の材料であるさつまいもを育てているという。タクシーの会社が、介護サービスやペット霊園などもやっている。

「これしかできない」と固執するのではなく、ニーズを見つけて「やれることをやる」でいい。

時代が移り変わっていくなかで、仕事のニーズも変わっていく。柔軟さがなきゃ、仕事はできない。

人の「〜したい」という欲求や、逆に「困っている」ということなど足元に目を向けてみると、「あったらいいな」が見えてくる。

それがたとえ「やりたいこと」「好きなこと」でなくても、やってみて、「好き」や「やり甲斐」を見つけていけばいい。

自分ができることを、人や社会のためにする。

そして、喜んでもらう。

それが仕事の基本だと思うのだ。

幸運の鍵

あったらいいな、を膨らませる。

*Free

Attitude ★ 21

決まりごとがない

うまくいく女《ひと》には、決まりごとがない。

人生はやってもいいことであふれている。

それなのに、「〜しなきゃいけない」「〜するべき」という「決まりごと」で、制限してしまったら、本当につまらない。自分でつくった固定観念から解放されたら、もっとできることが増えたり、とんでもなく優れた能力を発揮したりするはずだ。


ときどき訪ねる養護施設がある。

そこでは、知的障害者の方々が、思い思いに芸術作品を創っている。絵画、陶芸、刺繍、家具、木工、オブジェ……好きなものを選んで、好きなように創る。

彼らは、創ることを心から楽しんでいて、いったん創作活動を始めると、だれかが止めない限り、創作活動を止めることはない。ご飯を食べるのも忘れて、創り続ける。

私は彼らの作品を見ると、心が洗われて、なぜか涙があふれてしまうのだ。どうして、これほど心を打つ、すぐれた作品が生まれるのだろう？

それはきっと、彼らのなかには「決まりごとがない」から。とんでもなく自由な発想で創られているからだ。

空が青、太陽を赤く描かなきゃいけないなんて、だれが決めたのだろう。刺繍は、きれいに糸の始末をするものだと、だれが決めた？　お皿の形は、左右対称でなければいけないと、決められている？……。

そう。なんにも決まっていないのだ。私たちが、「〜は、〜でなきゃいけない」と、勝手に思い込んでいるだけ。

どんな色でも、形でも、大きさでもいい。


ものを創り出す方法は無限にある。


私たちはときどき、無意識につくった決まりごとに縛られて、日常生活や生き方を窮屈にしていることがある。

「上司の飲みの誘いは、断ってはいけない」

「結婚して子どもを産まなければならない」

「年相応にしなきゃいけない」

「周りと同じようでなければならない」


「そうでなきゃいけない」と思うたびに、行動が制限される。

自分でつくった決まりごとが増えると、がんじがらめになる。

人生に決まりごとなんてない。生き方は無限にある。

時代も変わっていくなか、自分でつくった枠のなかで決まりごとに固執していたら、たちまちのうちに、生きづらくなってしまう。そのとき、そのときで「なんでもあり」と柔軟に変化していく。

この「しなやかさ」が、うまくいくヒケツなのだ。

幸運の鍵

なんでもあり。

*Kindness

Attitude ★ 22

恩送りを知っている

うまくいく女《ひと》は、恩送りを知っている。

だから、その人の周りでは恩の受け渡しが、活発である。


江戸時代には「恩送り」という言葉があったという。

「恩返し」は、親切にしてくれた人に対して、親切を返すということ。

とてもいいことだけれど、関係者は二人に限定される。

「恩送り」は、だれかから親切を受けたら、それを相手に返すのではなく、親切を必要としているだれかに、送り伝えていくこと。

たとえば、江戸の人口が１００万人なら、その間で恩の受け渡しを行う。これだと、親切をだれにでも与えられるし、親切をどこからでも受け取る可能性がある。

社会全体で親切や好意が循環して、幸せな現象がどんどん起きていく。そして、幸せを感じる人が増える……本当に、素敵なシステムだ。

この「恩送り」を知っている人は、気軽に親切を与え、気軽に親切を受ける。そんなふうに親切を重ねていると、どこからともなく親切が親切を呼び、親切のスパイラルが巻き起こる。幸運も歩み寄ってきてくれる。

私は長い間、昔から日本にあったという「恩送り」の精神を知らずにいた。人の好意は返すのがあたりまえ。ビジネスでもプライベートでも、「ギブ＆テイク」のフェアな関係で、世の中うまく回っていると思っていた。でも、よくよく考えると、「恩返し」は十分にできない。「恩送り」しかできないのである。

それを教えてくれたのは、台湾のお年寄りたちだった。

私は、6年前、台湾南部の屏東《ピントン》県の招きで、屏東県を日本に紹介する本（共著）をつくって以来、台湾の魅力に取りつかれて、度々訪ね、現在は台湾に住んでいる。

お年寄りの多くは、戦前、日本教育を受け、日本精神を学んだ人たちである。なかでも事業が成功した資産家の方々は、その財産を自分たちの家族だけで抱え込むのではなく、社員、地域の人、貧しい人、母子家庭の人、障害をもった人たちに分配していた。

世界中から集めた美術品を無償で公開したり、奨学金を創設したり、大規模なボランティア活動をしたりという人もいた。

私も彼らから受けた恩は、計り知れない。

一度、失礼にも「ご恩返しをしたいのですが、なにかできることはありますか？」と聞いたことがある。答えは、

「あなたができることを、別のだれかにして、喜んでもらいなさい」

こんなことを言うお年寄りもいた。

「私のいまがあるのは、周りの人たちのおかげ、教育してくれた日本のおかげです。だからいま、多くの人から受けた恩を返しているのです」

恩は、個人に対して返すのではなく、社会全体に返すものと考えると、とてもフェアなシステムになる。

なかには「私は与えてばかりで返ってこない」とか「与えないのに、受け取ってばかりいる」という人もいるかもしれない。

でも、

「いいことをする人には、いいことが起きる」

「悪いことをする人には、バチが当たる」

と昔から言われるシンプルな法則は、やはり正しいのだ。

不公平に感じていても、目に見えない、与えられているものは、たくさんある。自分がやったことに対して、相手が喜んでくれたという満足感も、そのひとつ。

また、子どものとき、若いときは、与えられてばかりでも、人生の後半になると、いろいろな面で余裕ができて、人の力になれることが増えてくる。

そのときに、返していけばいい。

人生をトータルで考えると、「与えたもの」と「受け取ったもの」は、ほとんど等しいはずだ。


「情けは人のためならず」というが、人だけのためでもなく、自分だけのためでもない。

回り回って返ってくるのだから、社会全体のためである。

「お互いさま」という気持ちがあれば、そこは、だれもが生きやすい場所になる。

親切は気軽に受け、気軽に与える。

*Standard

Attitude ★ 23

自分の基準をもっている

うまくいく女《ひと》は、自分の基準をもっている。

自分自身のぶれない価値観をもって生きているから、強い。

芯がしっかりあるので、流されないで、しなやかに自分にフィットするものを選んで、進んでいく。

無理がなくて、伸び伸びしているから、幸せになりやすい。

私は以前、「あこがれ」の生活を手に入れたら、きっと「幸せ」になるんじゃないかと思っていた。

やりたい仕事をバリバリやって、ドラマティックな恋をする。せっかくなら、恋人はとことんスケールのでっかい人のほうが、きっと人生は楽しくて、面白いはず。

そう、『SEX and the CITY』のキャリーのように、執筆家として稼ぎ、Mr.ビッグのような恋人がいたら、なんて素敵でワクワクするだろう……と。

そこで私は、恋人になる人の条件を手帳にリストアップした。

「年収5000万円以上」

「3か国語以上を話せる」

「つねにレディ・ファースト」

「年2回以上、海外旅行に連れて行ってくれる」……。

条件の数は10個。自分のことはさておき、よくもまあ、こんな勝手な条件が出せるものだと思うほど。

日本国内では、見つけるのが難しいし、仮にいたとしても自分を気に入ってくれるか、かなり疑問。

だが、世界は広い。

世界にマーケットを広げたら、どこかにそんな人もいるだろうと信じて疑わなかった。

そして、10個の条件を満たす男性は、世界を旅している途中で、突然、あらわれた。

ある年の冬、私は知人の経営する、ギリシャのサントリーニ島のホテルに滞在していたが、知人が急な仕事で、留守をすることになった。

そこで、アテネをまわって、帰国しようと考えたとき、

「そういえば、アテネにちょっとヘンな人がいたなあ」

と思い出したのだ。彼は、その1か月ほど前、インターネットのペンパルサイトで知り合った。

「ギリシャに遊びに行く予定です。ギリシャのことをいろいろと教えてください」

と私からメールを送ったところ、返信されたメールは
「きみは一体だれなの？　僕をからかわないでくれ」

と、非常に冷たいものだった。

後からわかったことだが、彼はペンパルサイトに登録していることも忘れていて、いたずらメールだと勘ちがいしていたらしい。

私は少々腹が立って、

「いいえ、知人がいるので、本当に行くんです。冗談じゃありません」と送ると、

「それは申し訳ない。お詫びに、あなたがアテネに来たら、僕が案内しますよ」

と、アテネのおすすめスポットと電話番号を送ってくれた。

それから、何回か、メール交換は続いた。

アテネに着いて、知り合いもいないので、ふと彼に連絡した。年齢も職業

もよくわからないが、とりあえず会ってみよう。そして、いい人そうだったら半日だけでも案内してもらおう。

私は、仕事がら、旅をすると現地の人と交流をして、どんな生活をしているのか、どんなことを考えているのか、聞き出すのが好きだ。それが、記事になることもある。観光だけではわからない、素顔のアテネを知りたいと思っていた。

ホテルのロビーにやってきた彼は、年齢は31歳、実家はアテネだが、スイスでプライベートバンクを経営していると言った。ギリシャ彫刻をちょっと太めにしたような、人懐っこい人だった。

彼は、地元の人が行くおしゃれなレストランやバー、大きな自宅を案内し、家族や友人を紹介してくれ、私はお礼がなにもできないので、世界で撮ってきた人々の写真を見せた。

恋に落ちるのは、あっという間だった。

彼は、私の無理難題の恋人の条件をすべて満たしていて、これは運命の人かもしれないと、思ったりした。

数日間、毎日会っていたが、ある朝、彼からホテルに電話。

「急に仕事で、ジュネーブに行くことになったんだ。よかったら、一緒に行かない?」

「行ってみたいな」

「じゃ、チケットをとって、ホテルに向かうから、30分後、荷物をまとめて、ロビーで待ってて」

そんなこんなで、すぐにジュネーブに飛び、昼過ぎには空港に迎えに来ていたリムジン車に乗りこんだ。

着いたのは、5つ星ホテル。

結局、私はそのホテルに隣接したアパートメントに数か月、住むことになった。

昼はエステとネイリングとマッサージとジム、夜はパーティ。朝食はルームサービスで、下着までクリーニング……という生活が始まった。

彼と交友のある、たくさんの富豪たちに会い、婚約者として紹介された。「これって『プリティ・ウーマン』の世界だ」と、大真面目に思ったりした。

が、しかし、だ。数か月が経ち、そんな生活が日常になったとき、彼との間に少しずつ意見の食い違いが出始めた。

それまで私は、まったくなにもわからない状態で、彼の言うままになっていたが、いろいろな状況が見えてきて、「それはおかしい」「私はこうしたい」と自己主張をするようになったからだ。この意見の食い違いは、よく話し合えばいいという問題ではなく、なにかとても大事なことがズレているように思われた。

最初は、ちょっとした言い争いだったが、次第にケンカになり、その回数はだんだん増えていった。

そんなとき、アテネの彼の実家で休暇を過ごすことがあった。そこでは、アリストという猫が、家族のようにかわいがられていて、彼のお母さんはときどき、アリストのために高級な子羊の肉を用意し、アリストはそれをリビングで美味しそうに食べていた。

アテネ一、幸福そうな猫だった。


ところが、ある日。アリストが「んぎゃあ」という大きな鳴き声を上げて、お母さんの腕を引っかいたのだ。なにかよっぽどの理由があったのかもしれない。

お母さんは、ひどく怒って「とっとと出て行きなさい！」と大声で叫び、アリストを締め出した。もちろん、食べ物も与えず――。

しかし、アリストは、そこで生きていかなきゃいけない。しばらくすると、窓から部屋をのぞいたり、ベランダをウロウロしたり。そして、どこからか台所に侵入したのが見つかり、3階から放り投げられてしまった。

なんてかわいそうな猫……。

そう思った次の瞬間、ゾクリとした。

「アリストは、私なんじゃないだろうか……」

かわいがられているうちはいいけれど、噛みついたり、逆らったりしたら、食べ物を与えられなくなる。ここにいられなくなる……。そんな恐怖に近い感覚は、日に日に大きくなっていった。

ある夜、大きなケンカをして、家を飛び出したことがある。

アテネの街をウロウロしたが、行くあても泊まるところもない。シンタグマ広場のベンチに長い間、座っていたら、タクシーのおじちゃんたちが、安いホテルを紹介してくれた。下町の狭い部屋のなかで、また言いようのない孤独と恐怖が襲ってきた。

「私って、篭《かご》のなかの鳥だ……」

一人では、なんにもできない無力感と、生きていくことのすべてを人に依存して、自由に飛べない苦しさを、心底、思い知らされたのだ。

私は、泣く泣く彼に電話をして「ごめんなさい」と謝り、迎えに来てもらうしか、できることはなかった。

そして、考えた。

彼はいろいろなものを与えてくれるが、私が彼に与えられるものは、〝従順な〟愛情しかない。

そうだ。それをするのが、ここでの私の役割なのだ。

しっかり信頼できていればいいじゃないか。でも、もし、それが一たび崩れると、アリストのように……。いやいや、それは考えないでおこう……。

アリストは、相変わらず毎日ベランダを行ったり来たりしていて、その姿を見るたびに、なぜか共感めいたものと「ちがう。私はアリストじゃない！」と反発する気持ちが交錯していた。

その数日後。不思議と強烈に湧き上ってきたのは、

「なんでもいいから仕事をしたい！」という思いだ。

できることをして、人に喜んでもらう。そして、自分の力でお金を得て、自由に使う……それは、なんて、なんてうれしくて尊いことなんだろう。しかし、言葉も不自由な外国で、仕事がすぐにあるはずもなかった。

「私って、結構、いい仕事するんだけどなぁ」

その思いは、日増しに強くなっていった。

そこは、私が私でいられない場所だった。

しばらくのつもりの一時帰国が、結果的に彼との別れになった。

「これだけいい条件なのだから、幸せになれるだろう」と、映画や人がつくった「幸せ」のイメージを、自分に当てはめようとしていた。

でも、そんなのでうまくいくはずがない。

彼に対しても、条件ばかりに目が行き、本質を見られていなかった。誠に、申し訳ない……。

「幸せ」は、形あるものでもなく、追いかけるものでもない。

日常のあちこちに転がっていて、それを発見する一瞬、一瞬のときなのではないかと思う。

「青い鳥」はだれの近くにもいるのだ。

なにより、仕事ができるのがうれしい。

気心の知れた友人がいるのがうれしい。

自由に旅行できるのがうれしい。
ここは、自分が自分でいられる場所だ。

「自分の基準をもつ」ということは、自分らしく生きるということ。周りの価値観に振り回されることなく、自分の価値観をもつということである。

「幸せ」「恋人」「暮らし」「時間の過ごし方」「お金の使い方」「人との付き合い方」……なんだって自分にとって心地よくフィットするもの、基準を選んでいけばいい。

たとえば、快適な生活のために、週休2日は絶対必要という人もいれば、月に1日休めばOKという人もいる。

化粧品とエステに毎月5万円かける人もいれば、「せいぜい2万円でしょう」という人、「5000円もかけられない」という人もいる。

それでいいのだ。

人それぞれ。

自分のモノサシ（基準）に人を合わせることもないし、人のモノサシに合わせることもない。

人とあれこれ比べて、優劣をつける必要もない（そもそも、これが不幸の始まり）。

自分の幸せは、自分の責任で、自分自身で見つけていく。

その覚悟があれば、きっと幸せになりやすい。

幸運の鍵

人とあれこれ比べない。

Tagliatelles carbonara
Tagliatelles au saumon
Spaghetti Bolognaise
Lasagnes au four

*Continue

Attitude ★ 24

「すべてはうまくいく」と決めている

うまくいくひと女《ひと》は、「すべてはうまくいく」と決めている。うまくいったときの自分自身のイメージが、しっかり完了形でできている。

「うまくいったらいいいな」程度ではダメ。

「うまくいって、ありがとう！」と決定してしまう。

だから、ブレない。

あとは、そのイメージに向かって進んでいくだけでいい。

うまくいく理由なんて、なくてもいい。

「すべてはうまくいく」

そう考える、揺るがない「根拠のない自信」が、どんなことだって成功に導く。とはいっても、「そんなにうまくいくはずない」と考えるのが人間だ。よーくわかる。私もそうだったからだ。

でも、あるとき、ハタと気づいてしまったのだ。

「うまくいかない」のは、なんらかの障害があるからではなく、単に途中でやめてしまうから、「うまくいかない」ということに。

最後まで続けていたら、時間がかかっても大抵のことは実現する。

周りを見渡してみると、自分の夢や目標をかなえている人は、途中であきらめずに、その場所に到達するまで、ただひたすら、その思いと行動を継続してきた人たちだ。

25年ほど前、バブル期の同世代で入社した人たちは、私を含めて、なにかしら転職をしている人がほとんど。でも、会社に残って地道にやってきた人は、いまそれなりの地位やスキルを獲得している。

ホステスのアルバイト仲間でも、20年近くやり続けることによって、お客を増やし、店をもっている人もいる。

15年前、同時期に写真を始めた人は、地道に活動を続け、いまでは県内外から引っ張りだこの、売れっ子ブライダル・カメラマンだ。

私は、「自分のやりたいことができない」「先が見えない」と、せっかちになって右往左往して転職を繰り返した。後悔はないけれど、じっくり腰を据えていれば、状況も変わるし、なにかが見えてきたんだろうと、いまだからそう思う。

焦ることはない。やり続けていたら、必ずなにかが積み重なって、それは周りを納得させる、大きな実力になっていく。

周りを見渡しても、ひとつのことをやり続けている人は少ない。だからこそ、続けるってことは難しく、すごいことなんだとわかる。

ひとつのことをやり続けているのは、だれにも簡単には真似できない大きな価値であり、財産にも強みにもなる。

「うさぎとかめ」の物語のように、勢いよく走るうさぎも、コツコツと歩き続けるかめにはかなわない。
休憩している間に、追い越されてしまう。

自分の能力の問題じゃない。障害物の問題でもない。
問題なのは、「もう、やーめた」という自分の気持ちだけ。
ゆっくりでも、少しずつでも、いま目の前にある仕事を、丁寧にこなしていけば、確実に進んでいるし、いつの間にかスキルも磨かれている。あとは、自分のモチベーションさえ続く工夫をすれば、なんとかクリアしていけるはずだ。

続けていれば、最終的には「うまくいく」。

幸運の鍵

やり続ける。

*Choice

Attitude ★ 25

自分で選択している

うまくいく女《ひと》は、自分で選択している。

「人から言われたから」とか、「時代がよくないから」とか、「自分は恵まれていないから」とか、言い訳はしない。

だれのせいでもなく、すべて自分で選んだことと、覚悟を決めて進んでいる。


しゃんと背筋を伸ばして進んでいるから、格好いい。

自分の人生軸を立てるのは自分。

その軸に合わせて、人生のいろいろなことを選択していくのも、自分自身なのだ。

私は、帰国して1年ほど、派遣社員やアルバイトとして、たくさんの仕事をした。

この期間は、学びがあふれていた。

いろんな職場に派遣されるたびに、

「へー。こんな職場があるんだ」

と世の中の裏側を見られたり、たくさんの人にもまれているうちに人間関係の築き方を自然に覚えたり、おまけに笑い話や本のネタになったり。

仕事のやり方も、いろいろと教わった。

なかでも強烈だったのは、「カリスママネキン」と呼ばれる50代の女性だ。

マネキンとは、デパ地下などで、試食販売をする仕事。そのカリスマが来ると、売上は何倍にもなるといわれ、何か月も先まで仕事の予約でいっぱい。かなり前から押さえておかないと、なかなか来てもらえないという人だった。

一見、フツーの「派手なオバチャン」だが、仕事を始めるとオーラを放つ。

声のかけ方や、セールストークもすごいが、もっとも感動したのは商品の見せ方だ。人の時間帯ごとの流れを読み、商品の陳列を変えていく。一日に何度も変える。売りたい商品は、ディスプレイで見せる。

「お客様の目線の位置に、たんと高く積むのよ」

商品をただ並べるのではなく、山のように積んだり、売れているように演出するために、わざと売場から引いたり。

すぐに売ってしまいたい商品は、いちばん目に付く場所、レジ横、いちばん端っこなど、何か所も置く。

客が途切れたら、自分の持ってきたマジックと紙でささっと「本日限定30個！　◯◯ケーキ」「連日売り切れ△△まんじゅう」などキャッチーなポップをつくり、あちこち目に付く場所に貼る。

お客の心理を熟知しているプロ中のプロの技だ。

「これだけ全部売って」と店長から言われた箱いっぱいの商品は、みるみるうちになくなっていった。

衣料品店店長時代にこれらのテクニックを知っていたら、私ももっと売上を伸ばせたかもしれない。


ほかにもいろいろな仕事をやった。

時間が数時間空くと、

「今日の夜、仕事できるんですけど、なにかないですか」

と、すぐに派遣会社に電話して、仕事を紹介してもらった。


多かったのは、居酒屋やレストランのホール。

最初に行った店で、店長から言われたのは……、

「あなたは、トレインです」

「へ？　トレインってなんですか!?」

調理場から上がった料理を、カウンター（ステーション）から、ホールの棚の上（ステーション）に持っていくのが私の仕事。つまり、料理を運ぶ「トレイン」なのだ。

それを、ホールを回っている、レギュラーのアルバイトがお客に出す。

私は、商品知識がまったくなくて接客ができないから、「運ぶ」ことしかできない。

「トレインさ〜ん」と呼ばれるたびに、なんだかおかしくて、吹き出しそうになった。

でも、ま、そんなことで、お金をもらえるなら、ありがたいことだった。

派遣社員で一緒に働いた人には、いろんな人がいた。

ウェブデザイナーとして、派遣社員で3〜4か月働いて、1か月ほど海外でサーフィンをするのを繰り返している女性。派遣社員やアルバイトをいくつか掛け持ちしながら、国連職員の試験を目指して勉強している女性。いつ寝ているのだろうと疑問に思うほど、昼も夜もいくつかの仕事をしている女性。両親の介護をしながら、起業準備を進めている女性。

なかには、正社員よりもずっとスキルが高く、ずっとお給料も高く、「正社員にならないか」という誘いを断り続けている派遣社員もいた。

みんな、たくましく生きていた。


30歳を過ぎてから看護学校に入った友人は、経験を積まなきゃと、派遣看護師として、内科や婦人科、小児科、ホスピスと、いろんな科を転々として、仕事だけの生活だった。が、最近は、仕事をセーブして、プライベートの時間を優先している。海外の貧困地域にボランティアで行くこともある。

病院だけの世界にいるよりも、世の中のいろんな人に会って、生の感情に触れて、人を理解し、人間力を高めることが、看護師としての成長になると考えたからだ。


いくら仕事のスキルを磨いても、人間力がないと、仕事で壁にぶち当たったときや、わずらわしい人間関係、失恋などで、あっけなくつまずいてしまう。

仕事で接している人の気持ちも読めない。

いい仕事をするには、仕事力と人間力、どちらも必須なのだ。

ともかく、いろんな働き方がある。

自分の目標や、生活スタイル、家族の状況など、自分軸に合わせて、働き方を決めていけばいい。

なんとなく仕事を続けていて、先が見えないということもあるかもしれない。

周りの人を見ると、自分だけが損をしている気持ちになることがあるかもしれない。

ずっと止まっていて、まったく進んでいないように感じることもあるかもしれない。

でも、そんな感情も、これからなにかを選択していく鍵になっている。

いまの場所でがんばろうと覚悟を決める人、次のステップに進もうとする人、生活の糧のためだけに働こうとする人、とりあえずなにかやってみようと動こうとする人……人によって選択はさまざま。

どんな選択だっていい。

自分らしく、素直な選択をしていけばいい。

ただ、大切なのは「決めているのは、だれでもない自分自身。だから、自分の人生は、自分の責任で引き受けていく」という気持ち。

それがあれば、どんなことでも、潔く受け止められる。

人生は、次から次に選択の場面がやってくる。

いま起きていることはすべて、これまで自分自身が選択してきたことの結果。これから起きることはすべて、自分が選択することなのである。

幸運の鍵

自分らしく素直に選ぶ。

エピローグ

私は、人生は〝遊び〟なんじゃないかと思っている。

「いっぱい楽しんでおいで」とこの世に送り出されて、ひとつの人生を送る。

よく、どれだけ徳を積んだかで、天国に行けるか、どんな来世になるのかが決まるというが、どれだけ人生を楽しんだかで、せっかくもらった命への恩返しができるんじゃないかと思っている。

最後に「いろいろあって、あー、楽しかった」としみじみ言えたなら、その人生はキラキラと光り輝いたものであったはずだ。

私は、たくさんの仕事をしてきたけれど、どれも楽しかった。仕事そのものが楽しいというより、そこで、なにかの喜びを見つけたり、それに向かって進んでいったりするのが楽しかった。
もちろん、タイヘンなことや、苦労もあったが、それを吹き飛ばしてくれるような、うれしい瞬間があった。

お客さんに「ありがとう」と喜んでもらったとき。
街頭の試供品配りで箱いっぱいの商品を配り終えたとき。
一日の立ち仕事を終えて帰り、お風呂に体を沈めたとき。
コツコツやってきた仕事が、やっと完成したとき。
チームがまとまって結果が出せたとき。
日々の努力したことが認められたとき。

そんな一瞬、一瞬の喜びのために、私は仕事をしているのだと思う。
私にとって、仕事も〝遊び〟のひとつ。
かなり本気になる、面白くてやめられない〝遊び〟である。

著者紹介
有川真由美（ありかわ　まゆみ）
鹿児島県姶良市出身。熊本県立熊本女子大学生活科学部卒業。作家、写真家。化粧品会社事務、塾講師、科学館コンパニオン、衣料品店店長、着物着付け講師、ブライダルコーディネーター、新聞社編集者など、多くの職業経験を生かし、働く女性のアドバイザー的存在として書籍や雑誌に執筆。
著書に、『あたりまえだけどなかなかわからない働く女《ひと》のルール』（明日香出版）、『仕事ができて、なぜか運もいい人の習慣』『仕事ができて、愛される人の話し方』『30歳から伸びる女《ひと》、30歳で止まる女《ひと》』『感情の整理ができる女《ひと》は、うまくいく』『日常を、ここちよく。』『10年先を考える女《ひと》は、うまくいく』（以上、PHP研究所）など多数。

本文デザイン：松田行正＋山田知子
写真：有川真由美

本書は、2009年11月にグラフ社より発刊された『うまくいく女《ひと》にはワケがある』を改題、加筆・修正し、再編集したものである。

ＰＨＰ文庫　なぜかうまくいっている女《ひと》の心のもち方

2013年３月18日　第１版第１刷

著　者　　有川真由美
発行者　　小林成彦
発行所　　株式会社ＰＨＰ研究所
東京本部　〒102-8331　千代田区一番町21
文庫出版部　☎03-3239-6259(編集)
普及一部　☎03-3239-6233(販売)
京都本部　〒601-8411　京都市南区西九条北ノ内町11
PHP INTERFACE　http://www.php.co.jp/
組　版　　朝日メディアインターナショナル株式会社
印刷所
製本所　　図書印刷株式会社

ISBN978-4-569-67960-0

PHPの本

感情の整理ができる女《ひと》は、うまくいく

有川真由美 著

すぐ怒る、いつも不機嫌……、感情に左右される女性は、仕事にも運にも愛されない。女性に大人気の著者が、感情の整理のしかたを説く！

【四六判】 定価一、一五五円
（本体一、一〇〇円）
税五％